Smagfuldt Sundt

Lavt Natrium Køkken for Hjerte og Helbred

Emma Nielsen

Indholdsfortegnelse

Kylling og linseblanding 11

Kylling og blomkål 12

Basilikum, tomat og gulerodssuppe 13

Svinekød med søde kartofler 14

Ørred og gulerodssuppe 15

Kalkun og fennikelgryderet 16

Aubergine suppe 17

Sød kartoffelcreme 18

Kylling og svampesuppe 19

Lime laks pande 21

kartoffelsalat 22

Hakket kød og tomatpande 24

Rejer og avocado salat 25

Creme af broccoli 26

kålsuppe 27

Selleri og blomkålssuppe 28

Porresuppe og svinekød 29

Minty rejer og broccolisalat 30

Rejer og torskesuppe 32

Blanding af rejer og forårsløg 33

Spinatgryderet 34

Karry blomkål blanding 36

Gulerods- og zucchinigryderet 38

Stuvning med kål og grønne bønner 40

Chili svampesuppe 41

Chili svinekød 43

Peber-, champignon- og laksesalat 44

Kikærter og kartofler medley 46

Kardemomme kylling blanding 48

Linse chili 50

Dash Diet Side Dish Opskrifter 52

Rosmarin endivie 53

Citronendivier 54

Pesto asparges 55

Peberfrugt gulerødder 56

Cremet kartoffelpandekage 57

Sesamkål 59

Koriander broccoli 60

Chili rosenkål 61

Blanding af rosenkål og forårsløg 62

pureret blomkål 63

Avocado salat 64

Radise salat 65

Citron-endivesalat 66

Blanding af oliven og majs 67

Salat med rucola og pinjekerner 68

Mandler og spinat 69

Grønne bønner og lammesalat 70

Endivie og grønkålssalat 71

Edamame salat 72

Drue- og avocadosalat 73

Oregano og aubergineblanding 74

Bagt tomatblanding 75

Timian svampe 76

Steg spinat og majs 77

Steg majs og forårsløg 78

Spinat og mango salat 79

Senneps kartofler 80

Kokos rosenkål 81

Salvie gulerødder 82

Hvidløgssvampe og majs 83

Pesto grønne bønner 84

Estragon tomater 85

Mandelbeder 86

Minte tomater og majs 87

Zucchini avocado salsa 88

Æble- og kålblanding 89

Ristede rødbeder 90

Dildkål 91

Kål og gulerodssalat 92

Tomat og oliven salsa 93

Zucchini salat 94

Karrygulerodsurt 95

Salat og rødbedesalat 96

Urte radiser 97

Bagt fennikelblanding 98

Brændt peberfrugt 99

Steg dadler og kål 100

Sorte bønner blanding 101

Blanding af oliven og endivie 102

tomat-agurk-salat 103

Peber- og gulerodssalat 104

Blanding af sorte bønner og ris 105

Blanding af ris og blomkål 107

Balsamicobønneblanding 108

Cremet rødbeder 109

Bland af avocado og peberfrugt 110

Brændt sød kartoffel og rødbeder 111

Sauter grønkål 112

Krydrede gulerødder 113

Citronagtige artiskokker 114

Broccoli, bønner og ris 115

Bagt græskar mix 116

Cremet asparges 117

Basilikum og roeblanding 118

Bland ris og kapers 119

Spinat og grønkål blandes 120

Kalkun og spidskommen Broccoli 121

Fed kylling 122

Kylling med ingefær artiskokker 123

Blanding af kalkun og pebernødder 125

Kyllingelår og rosmaringrøntsager 126

Kylling med gulerødder og kål 128

Aubergine og kalkun sandwich 129

Nem Tyrkiet og Zucchini Tortillas 131

Kylling med peberfrugt og auberginepande 133

Balsamico bagt kalkun 135

Cheddar kalkun blanding 136

Parmesan kalkun 137

Cremet blanding af kylling og rejer 138

Blanding af basilikum kalkun og krydrede asparges 139

Cashew kalkun medley 140

Kalkun og bær 141

Fem krydderier kyllingebryst 142

Kalkun med krydret grønt 143

Kylling og chilisvampe 144

Chili kylling og tomat artiskokker 145

Kylling og roe blanding 147

Kalkun med sellerisalat 148

Bland kyllingelår og vindruer 149

Kalkun og citronbyg 150

Kalkun med majroer og radiseblanding 151

Hvidløgs svinekødsblanding 153

Paprika svinekød med gulerødder 154

Ingefær svinekød og løg 155

Kommen svinekød 157

Svinekød og grøntsagsblanding 158

Timian svinekød røre-fry 159

Svinekødsmerian og zucchini 161

Krydret svinekød 162

Kokosflæsk og selleri 164

Bland svinekød og tomater 165

Salvie svinekoteletter 167

Thai svinekød og aubergine 168

Svinekød og limeløg 169

Balsamico svinekød 170

Pesto svinekød 172

Svinekød og persillepeber 174

Spidskommen og lammeblanding 175

Svinekød med radiser og grønne bønner 176

Fennikellam og svampe 178

Svinekød og spinat røre 180

Svinekød med avocado 182

Svinekød og æbleblanding 183

Kanel svinekoteletter 185

Kokossvinekoteletter 186

Svinekød med ferskenblanding 187

Kakao lam og radiser 188

Citronflæsk og artiskokker 189

Svinekød med koriandersauce 191

Svinekød med mangoblanding 193

Rosmarin svinekød og citronsøde kartofler 195

Svinekød med kikærter 196

Lammekoteletter med grønkål 197

Chili lam 198

Svinekød med peberfrugt og porrer 199

Svinekoteletter og sneærter 200

Svinekød og myntemajs 201

dild lam 202

Piment svinekoteletter og oliven 203
Italienske lammekoteletter 204
Svinekød og oregano ris 206
Svinekød kugler 207
Svinekød og endivie 208
Svinekød og purløgs radise 209
Sauter myntefrikadeller og spinat 210

Kylling og linseblanding

Forberedelsestid: 10 minutter
Tilberedningstid: 25 minutter
Portioner: 4

Ingredienser:
- 1 kop dåsetomater, uden salt tilsat, hakket
- Sort peber efter smag
- 1 spsk chipotle pasta
- 1 pund kyllingebryst, uden skind, udbenet og i tern
- 2 kopper dåse linser, uden salt tilsat, drænet og skyllet
- ½ spsk olivenolie
- 1 gult løg, hakket
- 2 spsk koriander, hakket

Rutevejledning:
1. Varm en pande op med olien over middel varme, tilsæt løgchipotle-pastaen, rør rundt og steg i 5 minutter.
2. Tilsæt kyllingen, rør rundt og sauter i 5 minutter.
3. Tilsæt de resterende ingredienser, rør sammen, kog i 15 minutter, del i skåle og server.

Ernæring: Kalorier 369, Fedt 17,6, Fiber 9, Kulhydrater 44,8, Protein 23,5

Kylling og blomkål

Forberedelsestid: 5 minutter
Tilberedningstid: 25 minutter
Portioner: 4

Ingredienser:
- 1 pund kyllingebryst, uden skind, udbenet og i tern
- 2 kopper blomkålsbuketter
- 1 spsk olivenolie
- 1 rødløg, hakket
- 1 spsk balsamicoeddike
- ½ kop rød peber, hakket
- En knivspids sort peber
- 2 fed hvidløg, hakket
- ½ kop lav natrium kylling bouillon
- 1 kop dåsetomater, uden salt tilsat, hakket

Rutevejledning:
1. Varm en pande op med olien ved middel varme, tilsæt løg, hvidløg og kød og steg i 5 minutter.
2. Tilsæt de resterende ingredienser, rør rundt og kog over medium varme i 20 minutter.
3. Fordel det hele i skåle og server til frokost.

Ernæring: Kalorier 366, Fedt 12, Fiber 5,6, Kulhydrater 44,3, Protein 23,7

Basilikum, tomat og gulerodssuppe

Forberedelsestid: 10 minutter
Tilberedningstid: 20 minutter
Portioner: 4

Ingredienser:
- 3 fed hvidløg, hakket
- 1 gult løg, hakket
- 3 gulerødder, hakket
- 1 spsk olivenolie
- 20 ounce ristede tomater, intet tilsat salt
- 2 kopper grøntsagsbouillon med lavt natriumindhold
- 1 spsk tørret basilikum
- 1 kop kokosfløde
- En knivspids sort peber

Rutevejledning:
1. Varm en pande op med olien ved middel varme, tilsæt løg og hvidløg og svits i 5 minutter.
2. Tilsæt de resterende ingredienser, rør rundt, bring det i kog, kog i 15 minutter, purér suppen med en stavblender, del i skåle og server til frokost.

Ernæring: Kalorier 244, fedt 17,8, fibre 4,7, kulhydrater 18,6, protein 3,8

Svinekød med søde kartofler

Forberedelsestid: 10 minutter
Tilberedningstid: 30 minutter
Portioner: 4

Ingredienser:
- 4 svinekoteletter, udbenet
- 1 pund søde kartofler, skrællet og skåret i tern
- 1 spsk olivenolie
- 1 kop grøntsagsbouillon, lavt natriumindhold
- En knivspids sort peber
- 1 tsk oregano, tørret
- 1 tsk rosmarin, tørret
- 1 tsk tørret basilikum

Rutevejledning:
1. Varm en pande op med olien ved middel varme, tilsæt svinekoteletterne og steg i 4 minutter på hver side.
2. Tilsæt de søde kartofler og de resterende ingredienser, læg låg på og kog over medium varme i 20 minutter, omrør lejlighedsvis.
3. Fordel det hele på tallerkener og server.

Ernæring: Kalorier 424, fedt 23,7, fibre 5,1, kulhydrater 32,3, protein 19,9

Ørred og gulerodssuppe

Forberedelsestid: 10 minutter
Tilberedningstid: 25 minutter
Portioner: 4

Ingredienser:
- 1 gult løg, hakket
- 12 kopper natriumfattig fiskebouillon
- 1 pund gulerødder, skåret i skiver
- 1 pund ørredfileter, udbenet, uden skind og i tern
- 1 spsk sød paprika
- 1 kop tomater, i tern
- 1 spsk olivenolie
- Sort peber efter smag

Rutevejledning:
1. Varm en pande op med olien ved middel varme, tilsæt løget, rør rundt og steg i 5 minutter.
2. Tilsæt fisk, gulerødder og de resterende ingredienser, bring det i kog og kog over medium varme i 20 minutter.
3. Hæld suppen i skåle og server.

Ernæring: Kalorier 361, Fedt 13,4, Fiber 4,6, Kulhydrater 164, Protein 44,1

Kalkun og fennikelgryderet

Forberedelsestid: 10 minutter
Tilberedningstid: 45 minutter
Portioner: 4

Ingredienser:
- 1 kalkunbryst, uden skind, uden ben og i tern
- 2 fennikelløg, skåret i skiver
- 1 spsk olivenolie
- 2 laurbærblade
- 1 gult løg, hakket
- 1 kop dåsetomater uden tilsat salt
- 2 oksebouillon med lavt natriumindhold
- 3 fed hvidløg, hakket
- Sort peber efter smag

Rutevejledning:
1. Varm en pande op med olien ved middel varme, tilsæt løg og kød og steg i 5 minutter.
2. Tilsæt fennikel og de resterende ingredienser, bring det i kog og lad det simre ved middel varme i 40 minutter under omrøring af og til.
3. Fordel gryderet i skåle og server.

Ernæring: Kalorier 371, fedt 12,8, fibre 5,3, kulhydrater 16,7, protein 11,9

Aubergine suppe

Forberedelsestid: 10 minutter
Tilberedningstid: 30 minutter
Portioner: 4

Ingredienser:
- 2 store auberginer i grove tern
- 1 liter grøntsagsbouillon med lavt natriumindhold
- 2 spsk tomatpure uden tilsat salt
- 1 rødløg, hakket
- 1 spsk olivenolie
- 1 spsk koriander, hakket
- En knivspids sort peber

Rutevejledning:
1. Varm en pande op med olien ved middel varme, tilsæt løget, rør rundt og svits i 5 minutter.
2. Tilsæt auberginerne og de øvrige ingredienser, bring det i kog ved middel varme, kog i 25 minutter, del i skåle og server.

Ernæring: Kalorier 335, Fedt 14,4, Fiber 5, Kulhydrater 16,1, Protein 8,4

Sød kartoffelcreme

Forberedelsestid: 10 minutter
Tilberedningstid: 25 minutter
Portioner: 4

Ingredienser:
- 4 kopper grøntsagsbouillon
- 2 spsk avocadoolie
- 2 søde kartofler, skrællet og skåret i tern
- 2 gule løg, hakket
- 2 fed hvidløg, hakket
- 1 kop kokosmælk
- En knivspids sort peber
- ½ tsk basilikum, hakket

Rutevejledning:
1. Varm en pande op med olien over middel varme, tilsæt løg og hvidløg, rør rundt og svits i 5 minutter.
2. Tilsæt de søde kartofler og de resterende ingredienser, bring det i kog og kog ved middel varme i 20 minutter.
3. Purér suppen med en stavblender, hæld i skåle og server til frokost.

Ernæring: Kalorier 303, Fedt 14,4, Fiber 4, Kulhydrater 9,8, Protein 4,5

Kylling og svampesuppe

Forberedelsestid: 10 minutter
Tilberedningstid: 30 minutter
Portioner: 4

Ingredienser:
- 1 liter grøntsagsbouillon, lavt natriumindhold
- 1 spsk ingefær, revet
- 1 gult løg, hakket
- 1 spsk olivenolie
- 1 pund kyllingebryst, uden skind, udbenet og i tern
- ½ pund hvide svampe, skåret i skiver
- 4 thailandske chilier, hakket
- ¼ kop limesaft
- ¼ kop koriander, hakket
- En knivspids sort peber

Rutevejledning:
1. Varm en pande op med olien over middel varme, tilsæt løg, ingefær, chili og kødet, rør rundt og steg i 5 minutter.
2. Tilsæt svampene, rør rundt og kog i yderligere 5 minutter.
3. Tilsæt de resterende ingredienser, bring det i kog og kog over medium varme i yderligere 20 minutter.
4. Hæld suppen i skåle og server med det samme.

Ernæring: Kalorier 226, Fedt 8,4, Fiber 3,3, Kulhydrater 13,6, Protein 28,2

Lime laks pande

Forberedelsestid: 10 minutter
Tilberedningstid: 20 minutter
Portioner: 4

Ingredienser:
- 4 laksefileter, udbenet
- 3 fed hvidløg, hakket
- 1 gult løg, hakket
- Sort peber efter smag
- 2 spsk olivenolie
- Saft af 1 lime
- 1 spsk limeskal, revet
- 1 spsk timian, hakket

Rutevejledning:
1. Varm en pande op med olien ved middel varme, tilsæt løg og hvidløg, rør rundt og steg i 5 minutter.
2. Tilsæt fisken og steg i 3 minutter på hver side.
3. Tilsæt de resterende ingredienser, kog i yderligere 10 minutter, fordel på tallerkener og server til frokost.

Ernæring: Kalorier 315, Fedt 18,1, Fiber 1,1, Kulhydrater 4,9, Protein 35,1

kartoffelsalat

Forberedelsestid: 10 minutter
Tilberedningstid: 20 minutter
Portioner: 4

Ingredienser:
- 2 tomater, hakkede
- 2 avocadoer, udstenede og hakkede
- 2 kopper babyspinat
- 2 forårsløg, hakket
- 1 pund gyldne kartofler, kogte, skrællede og skåret i tern
- 1 spsk olivenolie
- 1 spsk citronsaft
- 1 gult løg, hakket
- 2 fed hvidløg, hakket
- Sort peber efter smag
- 1 bundt koriander, hakket

Rutevejledning:
1. Varm en pande op med olien ved middel varme, tilsæt løg, forårsløg og hvidløg, rør rundt og steg i 5 minutter.
2. Tilsæt kartofler, vend forsigtigt og kog i yderligere 5 minutter.
3. Tilsæt de resterende ingredienser, rør rundt, kog over medium varme i yderligere 10 minutter, del i skåle og server til frokost.

Ernæring: Kalorier 342, Fedt 23,4, Fiber 11,7, Kulhydrater 33,5, Protein 5

Hakket kød og tomatpande

Forberedelsestid: 10 minutter
Tilberedningstid: 20 minutter
Portioner: 4

Ingredienser:
- 1 pund oksekød, hakket
- 1 rødløg, hakket
- 1 spsk olivenolie
- 1 kop cherrytomater, halveret
- ½ rød peber, hakket
- Sort peber efter smag
- 1 spsk purløg, hakket
- 1 spsk rosmarin, hakket
- 3 spiseskefulde oksebouillon med lavt natriumindhold

Rutevejledning:
1. Varm en pande op med olien ved middel varme, tilsæt løg og peberfrugt, rør rundt og steg i 5 minutter.
2. Tilsæt kødet, rør rundt og steg i yderligere 5 minutter.
3. Tilsæt de resterende ingredienser, vend rundt, kog i 10 minutter, del i skåle og server til frokost.

Ernæring: Kalorier 320, Fedt 11,3, Fiber 4,4, Kulhydrater 18,4, Protein 9

Rejer og avocado salat

Forberedelsestid: 5 minutter
Tilberedningstid: 0 minutter
Portioner: 4

Ingredienser:
- 1 appelsin, skrællet og skåret i skiver
- 1 pund rejer, kogt, pillet og udvundet
- 2 kopper baby rucola
- 1 avocado, udstenet, skrællet og skåret i tern
- 2 spsk olivenolie
- 2 spsk balsamicoeddike
- Saft af en halv appelsin
- Salt og sort peber

Rutevejledning:
1. Bland rejerne med appelsinerne og de øvrige ingredienser i en salatskål, vend og server til frokost.

Ernæring: Kalorier 300, Fedt 5,2, Fiber 2, Kulhydrater 11,4, Protein 6,7

Creme af broccoli

Forberedelsestid: 10 minutter
Tilberedningstid: 40 minutter
Portioner: 4

Ingredienser:
- 2 pund broccolibuketter
- 1 gult løg, hakket
- 1 spsk olivenolie
- Sort peber efter smag
- 2 fed hvidløg, hakket
- 3 kopper oksebouillon med lavt natriumindhold
- 1 kop kokosmælk
- 2 spsk koriander, hakket

Rutevejledning:
1. Varm en pande op med olien over middel varme, tilsæt løg og hvidløg, rør rundt og svits i 5 minutter.
2. Tilsæt broccoli og de øvrige ingredienser undtagen kokosmælken, bring det i kog og kog ved middel varme i yderligere 35 minutter.
3. Purér suppen med en stavblender, tilsæt kokosmælken, purér igen, del i skåle og server.

Ernæring: Kalorier 330, Fedt 11,2, Fiber 9,1, Kulhydrater 16,4, Protein 9,7

kålsuppe

Forberedelsestid: 10 minutter
Tilberedningstid: 40 minutter
Portioner: 4

Ingredienser:
- 1 stort grønkålshoved, hakket groft
- 1 gult løg, hakket
- 1 spsk olivenolie
- Sort peber efter smag
- 1 porre, hakket
- 2 kopper dåsetomater, lavt natriumindhold
- 4 kopper hønsebouillon, lavt natriumindhold
- 1 spsk koriander, hakket

Rutevejledning:
1. Varm en pande op med olien ved middel varme, tilsæt løg og porre, rør rundt og svits i 5 minutter.
2. Tilsæt kålen og de resterende ingredienser undtagen korianderen, bring det i kog og kog ved middel varme i 35 minutter.
3. Hæld suppen i skåle, drys koriander over og server.

Ernæring: Kalorier 340, Fedt 11,7, Fiber 6, Kulhydrater 25,8, Protein 11,8

Selleri og blomkålssuppe

Forberedelsestid: 10 minutter
Tilberedningstid: 40 minutter
Portioner: 4

Ingredienser:
- 2 pund blomkålsbuketter
- 1 rødløg, hakket
- 1 spsk olivenolie
- 1 kop tomatpuré
- Sort peber efter smag
- 1 kop selleri, hakket
- 6 kopper lav natrium kylling bouillon
- 1 spsk dild, hakket

Rutevejledning:
4. Varm en pande op med olien over middel varme, tilsæt løg og selleri, rør rundt og steg i 5 minutter.
5. Tilsæt blomkål og de resterende ingredienser, bring det i kog og kog ved middel varme i yderligere 35 minutter.
6. Fordel suppen i tallerkener og server.

Ernæring: Kalorier 135, Fedt 4, Fiber 8, Kulhydrater 21,4, Protein 7,7

Porresuppe og svinekød

Forberedelsestid: 10 minutter
Tilberedningstid: 40 minutter
Portioner: 4

Ingredienser:
- 1 pund svinekødgryde, skåret i tern
- Sort peber efter smag
- 5 porrer, hakket
- 1 gult løg, hakket
- 2 spsk olivenolie
- 1 spsk persille, hakket
- 6 kopper oksebouillon med lavt natriumindhold

Rutevejledning:
4. Varm en pande op med olien ved middel varme, tilsæt løg og porre, rør rundt og svits i 5 minutter.
5. Tilsæt kødet, rør rundt og steg i yderligere 5 minutter.
6. Tilsæt de resterende ingredienser, bring det i kog og kog ved middel varme i 30 minutter.
7. Hæld suppen i skåle og server.

Ernæring: Kalorier 395, fedt 18,3, fibre 2,6, kulhydrater 18,4, protein 38,2

Minty rejer og broccolisalat

Forberedelsestid: 5 minutter
Tilberedningstid: 20 minutter
Portioner: 4

Ingredienser:
- 1/3 kop grøntsagsbouillon med lavt natriumindhold
- 2 spsk olivenolie
- 2 kopper broccolibuketter
- 1 pund rejer, pillet og deveiret
- Sort peber efter smag
- 1 gult løg, hakket
- 4 cherrytomater, halveret
- 2 fed hvidløg, hakket
- Saft af ½ citron
- ½ kop Kalamata oliven, udstenede og halveret
- 1 spsk mynte, hakket

Rutevejledning:
1. Varm en pande op med olien ved middel varme, tilsæt løg og hvidløg, rør rundt og steg i 3 minutter.
2. Tilsæt rejer, rør rundt og kog i yderligere 2 minutter.
3. Tilsæt broccoli og de øvrige ingredienser, vend rundt, kog i 10 minutter, del i skåle og server til frokost.

Ernæring: Kalorier 270, fedt 11,3, fibre 4,1, kulhydrater 14,3, protein 28,9

Rejer og torskesuppe

Forberedelsestid: 10 minutter
Tilberedningstid: 20 minutter
Portioner: 4

Ingredienser:
- 1 liter hønsebouillon med lavt natriumindhold
- ½ pund rejer, pillet og udvundet
- ½ pund torskefileter, udbenet, uden skind og i tern
- 2 spsk olivenolie
- 2 tsk chilipulver
- 1 tsk sød paprika
- 2 skalotteløg, hakket
- En knivspids sort peber
- 1 spsk dild, hakket

Rutevejledning:
1. Varm en pande op med olien over middel varme, tilsæt skalotteløg, rør rundt og svits i 5 minutter.
2. Tilsæt rejer og torsk og kog i yderligere 5 minutter.
3. Tilsæt de resterende ingredienser, bring det i kog og lad det simre ved middel varme i 10 minutter.
4. Fordel suppen i tallerkener og server.

Ernæring: Kalorier 189, fedt 8,8, fibre 0,8, kulhydrater 3,2, protein 24,6

Blanding af rejer og forårsløg

Forberedelsestid: 10 minutter
Tilberedningstid: 10 minutter
Portioner: 4

Ingredienser:
- 2 pund rejer, pillede og deveirede
- 1 kop cherrytomater, halveret
- 1 spsk olivenolie
- 4 forårsløg, hakket
- 1 spsk balsamicoeddike
- 1 spsk purløg, hakket

Rutevejledning:
1. Varm en pande op med olien ved middel varme, tilsæt løg og cherrytomater, rør rundt og steg i 4 minutter.
2. Tilsæt rejer og øvrige ingredienser, kog i yderligere 6 minutter, fordel på tallerkener og server.

Ernæring: Kalorier 313, Fedt 7,5, Fiber 1, Kulhydrater 6,4, Protein 52,4

Spinatgryderet

Forberedelsestid: 10 minutter
Tilberedningstid: 15 minutter
Portioner: 4

Ingredienser:
- 1 spsk olivenolie
- 1 tsk ingefær, revet
- 2 fed hvidløg, hakket
- 1 gult løg, hakket
- 2 tomater, hakkede
- 1 kop dåsetomater uden tilsat salt
- 1 tsk spidskommen, stødt
- En knivspids sort peber
- 1 kop grøntsagsbouillon med lavt natriumindhold
- 2 pund spinatblade

Rutevejledning:
1. Varm en pande op med olien over middel varme, tilsæt ingefær, hvidløg og løg, rør rundt og svits i 5 minutter.
2. Tilsæt tomater, dåsetomater og de øvrige ingredienser, vend forsigtigt rundt, bring det i kog og kog i yderligere 10 minutter.
3. Fordel gryderet i skåle og server.

Ernæring: Kalorier 123, Fedt 4,8, Fiber 7,3, Kulhydrater 17, Protein 8,2

Karry blomkål blanding

Forberedelsestid: 10 minutter
Tilberedningstid: 25 minutter
Portioner: 4

Ingredienser:
- 1 rødløg, hakket
- 1 spsk olivenolie
- 2 fed hvidløg, hakket
- 1 rød peberfrugt, hakket
- 1 grøn peberfrugt, hakket
- 1 spsk limesaft
- 1 pund blomkålsbuketter
- 14 ounce dåsetomater, hakket
- 2 tsk karrypulver
- En knivspids sort peber
- 2 kopper kokosfløde
- 1 spsk koriander, hakket

Rutevejledning:
1. Varm en pande op med olien over middel varme, tilsæt løg og hvidløg, rør rundt og svits i 5 minutter.
2. Tilsæt peberfrugt og de øvrige ingredienser, bring det hele i kog og kog ved middel varme i 20 minutter.
3. Fordel det hele i skåle og server.

Ernæring: Kalorier 270, fedt 7,7, fibre 5,4, kulhydrater 12,9, protein 7

Gulerods- og zucchinigryderet

Forberedelsestid: 10 minutter
Tilberedningstid: 30 minutter
Portioner: 4

Ingredienser:
- 1 gult løg, hakket
- 2 spsk olivenolie
- 2 fed hvidløg, hakket
- 4 zucchini, skåret i skiver
- 2 gulerødder, skåret i skiver
- 1 tsk sød paprika
- ¼ tsk chilipulver
- En knivspids sort peber
- ½ kop tomater, hakkede
- 2 kopper grøntsagsbouillon med lavt natriumindhold
- 1 spsk purløg, hakket
- 1 spsk rosmarin, hakket

Rutevejledning:
1. Varm en pande op med olien over middel varme, tilsæt løg og hvidløg, rør rundt og svits i 5 minutter.
2. Tilsæt zucchini, gulerødder og de øvrige ingredienser, bring det i kog og kog i yderligere 25 minutter.
3. Fordel gryderet i skåle og server straks til frokost.

Ernæring: Kalorier 272, Fedt 4,6, Fiber 4,7, Kulhydrater 14,9, Protein 9

Stuvning med kål og grønne bønner

Forberedelsestid: 10 minutter
Tilberedningstid: 25 minutter
Portioner: 4

Ingredienser:
- 2 spsk olivenolie
- 1 rødkålshoved, revet
- 1 rødløg, hakket
- 1 pund grønne bønner, trimmet og halveret
- 2 fed hvidløg, hakket
- 7 ounce dåsetomater, uden salt tilsat, hakket
- 2 kopper grøntsagsbouillon med lavt natriumindhold
- En knivspids sort peber
- 1 spsk dild, hakket

Rutevejledning:
1. Varm en pande op med olien, tilsæt løg og hvidløg ved middel varme, rør rundt og steg i 5 minutter.
2. Tilsæt kål og andre ingredienser, rør rundt, læg låg på og lad det simre ved middel varme i 20 minutter.
3. Fordel i skåle og server til frokost.

Ernæring: Kalorier 281, Fedt 8,5, Fiber 7,1, Kulhydrater 14,9, Protein 6,7

Chili svampesuppe

Forberedelsestid: 5 minutter
Tilberedningstid: 30 minutter
Portioner: 4

Ingredienser:
- 1 gult løg, hakket
- 1 spsk olivenolie
- 1 rød chilipeber, hakket
- 1 tsk chilipulver
- ½ tsk varmt paprikapulver
- 4 fed hvidløg, hakket
- 1 pund hvide svampe, skåret i skiver
- 6 kopper grøntsagsbouillon med lavt natriumindhold
- 1 kop tomater, hakkede
- ½ spsk persille, hakket

Rutevejledning:
1. Varm en pande op med olien over middel varme, tilsæt løg, chilipeber, varm paprika, chilipulver og hvidløg, rør rundt og steg i 5 minutter.
2. Tilsæt svampene, rør rundt og kog i yderligere 5 minutter.
3. Tilsæt de resterende ingredienser, bring det i kog og kog over medium varme i 20 minutter.
4. Fordel suppen i tallerkener og server.

Ernæring: Kalorier 290, Fedt 6,6, Fiber 4,6, Kulhydrater 16,9, Protein 10

Chili svinekød

Forberedelsestid: 10 minutter
Tilberedningstid: 30 minutter
Portioner: 4

Ingredienser:
- 2 pund svinegryderet, skåret i tern
- 2 spsk chilipasta
- 1 gult løg, hakket
- 2 fed hvidløg, hakket
- 1 spsk olivenolie
- 2 kopper oksebouillon med lavt natriumindhold
- 1 spsk oregano, hakket

Rutevejledning:
1. Varm en pande op med olien ved middel varme, tilsæt løg og hvidløg, rør rundt og steg i 5 minutter.
2. Tilsæt kødet og svits i yderligere 5 minutter.
3. Tilsæt de resterende ingredienser, bring det i kog og kog over medium varme i yderligere 20 minutter.
4. Fordel blandingen mellem skåle og server.

Ernæring: Kalorier 363, Fedt 8,6, Fiber 7, Kulhydrater 17,3, Protein 18,4

Peber-, champignon- og laksesalat

Forberedelsestid: 10 minutter
Tilberedningstid: 20 minutter
Portioner: 4

Ingredienser:
- 10 ounce røget laks, lavt natriumindhold, udbenet, uden skind og i tern
- 2 forårsløg, hakket
- 2 røde chilipeber, hakket
- 1 spsk olivenolie
- ½ tsk oregano, tørret
- ½ tsk røget paprika
- En knivspids sort peber
- 8 ounce hvide svampe, skåret i skiver
- 1 spsk citronsaft
- 1 kop sorte oliven, udstenede og halveret
- 1 spsk persille, hakket

Rutevejledning:
1. Varm en pande op med olien over middel varme, tilsæt løg og chili, rør rundt og steg i 4 minutter.
2. Tilsæt svampene, rør rundt og sauter i 5 minutter.
3. Tilsæt laksen og de øvrige ingredienser, vend rundt, kog i yderligere 10 minutter, del i skåle og server til frokost.

Ernæring: Kalorier 321, Fedt 8,5, Fiber 8, Kulhydrater 22,2, Protein 13,5

Kikærter og kartofler medley

Forberedelsestid: 10 minutter
Tilberedningstid: 30 minutter
Portioner: 4

Ingredienser:
- 2 spsk olivenolie
- 1 kop dåse kikærter, uden salt tilsat, drænet og skyllet
- 1 pund søde kartofler, skrællet og skåret i tern
- 4 fed hvidløg, hakket
- 2 skalotteløg, hakket
- 1 kop dåsetomater, usaltede og hakkede
- 1 tsk koriander, stødt
- 2 tomater, hakkede
- 1 kop grøntsagsbouillon med lavt natriumindhold
- En knivspids sort peber
- 1 spsk citronsaft
- 1 spsk koriander, hakket

Rutevejledning:
1. Varm en pande op med olien ved middel varme, tilsæt skalotteløg og hvidløg, rør rundt og svits i 5 minutter.
2. Tilsæt kikærter, kartofler og de øvrige ingredienser, bring det i kog og kog ved middel varme i 25 minutter.
3. Fordel det hele i skåle og server til frokost.

Ernæring: Kalorier 341, Fedt 11,7, Fiber 6, Kulhydrater 14,9, Protein 18,7

Kardemomme kylling blanding

Forberedelsestid: 10 minutter
Tilberedningstid: 30 minutter
Portioner: 4

Ingredienser:
- 1 spsk olivenolie
- 1 pund kyllingebryst, uden skind, udbenet og i tern
- 1 skalotteløg, hakket
- 1 spsk ingefær, revet
- 2 fed hvidløg, hakket
- 1 tsk kardemomme, stødt
- ½ tsk gurkemejepulver
- 1 tsk limesaft
- 1 kop lav natrium kylling bouillon
- 1 spsk koriander, hakket

Rutevejledning:
1. Varm en pande op med olien over middel varme, tilsæt skalotteløg, ingefær, hvidløg, kardemomme og gurkemeje, rør rundt og steg i 5 minutter.
2. Tilsæt kødet og steg i 5 minutter.
3. Tilsæt de resterende ingredienser, bring det hele i kog og kog i 20 minutter.
4. Fordel blandingen mellem skåle og server.

Ernæring: Kalorier 175, fedt 6,5, fibre 0,5, kulhydrater 3,3, protein 24,7

Linse chili

Forberedelsestid: 10 minutter
Tilberedningstid: 35 minutter
Portioner: 6

Ingredienser:
- 1 grøn peberfrugt, hakket
- 1 spsk olivenolie
- 2 forårsløg, hakket
- 2 fed hvidløg, hakket
- 24 ounce dåse linser, uden salt tilsat, drænet og skyllet
- 2 kopper grøntsagsbouillon
- 2 spsk chilipulver, mild
- ½ tsk chipotle pulver
- 30 ounce dåsetomater, uden salt tilsat, hakket
- En knivspids sort peber

Rutevejledning:
1. Varm en pande op med olien ved middel varme, tilsæt løg og hvidløg, rør rundt og svits i 5 minutter.
2. Tilsæt peberfrugt, linser og de øvrige ingredienser, bring det i kog og kog ved middel varme i 30 minutter.
3. Fordel chilien i skåle og server til frokost.

Ernæring: Kalorier 466, Fedt 5, Fiber 37,6, Kulhydrater 77,9, Protein 31,2

Dash Diet Side Dish Opskrifter

Rosmarin endivie

Forberedelsestid: 10 minutter
Tilberedningstid: 20 minutter
Portioner: 4

Ingredienser:
- 2 endivie, halveret på langs
- 2 spsk olivenolie
- 1 tsk rosmarin, tørret
- ½ tsk gurkemejepulver
- En knivspids sort peber

Rutevejledning:
1. I en bradepande, smid endiverne med olien og andre ingredienser, vend forsigtigt, sæt i ovnen og bag ved 400 grader F i 20 minutter.
2. Fordel på tallerkener og server som tilbehør.

Ernæring: Kalorier 66, Fedt 7,1, Fiber 1, Kulhydrater 1,2, Protein 0,3

Citronendivier

Forberedelsestid: 10 minutter
Tilberedningstid: 20 minutter
Portioner: 4

Ingredienser:
- 4 endivie, halveret på langs
- 1 spsk citronsaft
- 1 spsk citronskal, revet
- 2 spsk fedtfri parmesan, revet
- 2 spsk olivenolie
- En knivspids sort peber

Rutevejledning:
1. Bland og vend endivien i et ovnfast fad med citronsaften og de øvrige ingredienser undtagen parmesanen.
2. Drys parmesan ovenpå, bag endiverne ved 200 grader F i 20 minutter, fordel dem på tallerkener og server som tilbehør.

Ernæring: Kalorier 71, Fedt 7,1, Fiber 0,9, Kulhydrater 2,3, Protein 0,9

Pesto asparges

Forberedelsestid: 10 minutter
Tilberedningstid: 20 minutter
Portioner: 4

Ingredienser:
- 1 pund asparges, trimmet
- 2 spsk basilikumpesto
- 1 spsk citronsaft
- En knivspids sort peber
- 3 spsk olivenolie
- 2 spsk koriander, hakket

Rutevejledning:
1. Arranger den aspargesbeklædte bageplade, tilsæt pesto og andre ingredienser, vend rundt, sæt i ovnen og kog ved 400 grader F i 20 minutter.
2. Fordel på tallerkener og server som tilbehør.

Ernæring: Kalorier 114, Fedt 10,7, Fiber 2,4, Kulhydrater 4,6, Protein 2,6

Peberfrugt gulerødder

Forberedelsestid: 10 minutter
Tilberedningstid: 30 minutter
Portioner: 4

Ingredienser:
- 1 pund babygulerødder, trimmet
- 1 spsk sød paprika
- 1 tsk limesaft
- 3 spsk olivenolie
- En knivspids sort peber
- 1 tsk sesamfrø

Rutevejledning:
1. Arranger gulerødderne på en bageplade beklædt med bagepapir, tilsæt paprika og de øvrige ingredienser undtagen sesamfrø, vend, sæt i ovnen og bag ved 200 grader F i 30 minutter.
2. Fordel gulerødderne på tallerkener, drys sesamfrø over dem og server som tilbehør.

Ernæring: Kalorier 142, Fedt 11,3, Fiber 4,1, Kulhydrater 11,4, Protein 1,2

Cremet kartoffelpandekage

Forberedelsestid: 10 minutter
Tilberedningstid: 1 time
Portioner: 8

Ingredienser:
- 1 pund gyldne kartofler, skrællet og skåret i tern
- 2 spsk olivenolie
- 1 rødløg, hakket
- 2 fed hvidløg, hakket
- 2 kopper kokosfløde
- 1 spsk timian, hakket
- ¼ tsk stødt muskatnød
- ½ kop fedtfattig parmesan, revet

Rutevejledning:
1. Varm en pande op med olien ved middel varme, tilsæt løg og hvidløg og svits i 5 minutter.
2. Tilsæt kartoflerne og svits i yderligere 5 minutter.
3. Tilsæt fløden og de resterende ingredienser, rør forsigtigt, bring det i kog og kog over medium varme i yderligere 40 minutter.
4. Fordel blandingen mellem tallerkener og server som tilbehør.

Ernæring: Kalorier 230, Fedt 19,1, Fiber 3,3, Kulhydrater 14,3, Protein 3,6

Sesamkål

Forberedelsestid: 10 minutter
Tilberedningstid: 20 minutter
Portioner: 4

Ingredienser:
- 1 pund grønkål, groft strimlet
- 2 spsk olivenolie
- En knivspids sort peber
- 1 skalotteløg, hakket
- 2 fed hvidløg, hakket
- 2 spsk balsamicoeddike
- 2 tsk varmt paprikapulver
- 1 tsk sesamfrø

Rutevejledning:
1. Varm en pande op med olien over middel varme, tilsæt skalotteløg og hvidløg og svits i 5 minutter.
2. Tilsæt kålen og de øvrige ingredienser, vend rundt, kog ved middel varme i 15 minutter, fordel på tallerkener og server.

Ernæring: Kalorier 101, Fedt 7,6, Fiber 3,4, Kulhydrater 84, Protein 1,9

Koriander broccoli

Forberedelsestid: 10 minutter
Tilberedningstid: 30 minutter
Portioner: 4

Ingredienser:
- 2 spsk olivenolie
- 1 pund broccolibuketter
- 2 fed hvidløg, hakket
- 2 spsk chilisauce
- 1 spsk citronsaft
- En knivspids sort peber
- 2 spsk koriander, hakket

Rutevejledning:
1. I en bradepande, smid broccolien med olie, hvidløg og andre ingredienser, vend lidt, sæt i ovnen og bag ved 400 grader F i 30 minutter.
2. Fordel blandingen mellem tallerkener og server som tilbehør.

Ernæring: Kalorier 103, Fedt 7,4, Fiber 3, Kulhydrater 8,3, Protein 3,4

Chili rosenkål

Forberedelsestid: 10 minutter
Tilberedningstid: 25 minutter
Portioner: 4

Ingredienser:
- 1 spsk olivenolie
- 1 pund rosenkål, skåret og halveret
- 2 fed hvidløg, hakket
- ½ kop fedtfattig mozzarella, strimlet
- En knivspids peberflager, knust

Rutevejledning:
1. Bland spirerne med olien og de øvrige ingredienser undtagen osten i en bageform, og vend dem sammen.
2. Drys osten ovenpå, sæt i ovnen og bag ved 400 grader F i 25 minutter.
3. Fordel på tallerkener og server som tilbehør.

Ernæring: Kalorier 91, Fedt 4,5, Fiber 4,3, Kulhydrater 10,9, Protein 5

Blanding af rosenkål og forårsløg

Forberedelsestid: 10 minutter
Tilberedningstid: 25 minutter
Portioner: 4

Ingredienser:
- 2 spsk olivenolie
- 1 pund rosenkål, skåret og halveret
- 3 forårsløg, hakket
- 2 fed hvidløg, hakket
- 1 spsk balsamicoeddike
- 1 spsk sød paprika
- En knivspids sort peber

Rutevejledning:
1. I en bradepande, smid rosenkålen med olien og andre ingredienser, vend og bag ved 400 grader F i 25 minutter.
2. Fordel blandingen mellem tallerkener og server.

Ernæring: Kalorier 121, Fedt 7,6, Fiber 5,2, Kulhydrater 12,7, Protein 4,4

pureret blomkål

Forberedelsestid: 10 minutter
Tilberedningstid: 25 minutter
Portioner: 4

Ingredienser:
- 2 pund blomkålsbuketter
- ½ kop kokosmælk
- En knivspids sort peber
- ½ kop fedtfattig creme fraiche
- 1 spsk koriander, hakket
- 1 spsk purløg, hakket

Rutevejledning:
1. Kom blomkålen i en gryde, dæk med vand, bring det i kog ved middel varme, kog i 25 minutter og afdryp.
2. Purér blomkålen, tilsæt mælk, sort peber og fløde, pisk godt, del mellem tallerkenerne, drys med de resterende ingredienser og server.

Ernæring: Kalorier 188, Fedt 13,4, Fiber 6,4, Kulhydrater 15, Protein 6,1

Avocado salat

Forberedelsestid: 5 minutter
Tilberedningstid: 0 minutter
Portioner: 4

Ingredienser:
- 2 spsk olivenolie
- 2 avocadoer, skrællet, udstenet og skåret i tern
- 1 kop Kalamata oliven, udstenede og halveret
- 1 kop tomater, i tern
- 1 spsk ingefær, revet
- En knivspids sort peber
- 2 kopper baby rucola
- 1 spsk balsamicoeddike

Rutevejledning:
1. Bland avocadoerne med kalamataen og de øvrige ingredienser i en skål, vend rundt og server som tilbehør.

Ernæring: Kalorier 320, fedt 30,4, fibre 8,7, kulhydrater 13,9, protein 3

Radise salat

Forberedelsestid: 5 minutter
Tilberedningstid: 0 minutter
Portioner: 4

Ingredienser:
- 2 forårsløg, skåret i skiver
- 1 pund radiser i tern
- 2 spsk balsamicoeddike
- 2 spsk olivenolie
- 1 tsk chilipulver
- 1 kop sorte oliven, udstenede og halveret
- En knivspids sort peber

Rutevejledning:
1. Bland radiserne med løgene og de øvrige ingredienser i en stor salatskål, vend rundt og server som tilbehør.

Ernæring: Kalorier 123, Fedt 10,8, Fiber 3,3, Kulhydrater 7, Protein 1,3

Citron-endivesalat

Forberedelsestid: 5 minutter
Tilberedningstid: 0 minutter
Portioner: 4

Ingredienser:
- 2 endivie, groft hakket
- 1 spsk dild, hakket
- ¼ kop citronsaft
- ¼ kop olivenolie
- 2 kopper babyspinat
- 2 tomater, i tern
- 1 agurk, skåret i skiver
- ½ kop valnødder, hakkede

Rutevejledning:
1. Bland endiverne med spinaten og de øvrige ingredienser i en stor skål, vend og server som tilbehør.

Ernæring: Kalorier 238, Fedt 22,3, Fiber 3,1, Kulhydrater 8,4, Protein 5,7

Blanding af oliven og majs

Forberedelsestid: 5 minutter
Tilberedningstid: 0 minutter
Portioner: 4

Ingredienser:
- 2 spsk olivenolie
- 1 spsk balsamicoeddike
- En knivspids sort peber
- 4 kopper majs
- 2 kopper sorte oliven, udstenede og halveret
- 1 rødløg, hakket
- ½ kop cherrytomater, halveret
- 1 spsk basilikum, hakket
- 1 spsk jalapeno, hakket
- 2 kopper romainesalat, strimlet

Rutevejledning:
1. Bland majsen med oliven, salat og andre ingredienser i en stor skål, vend godt rundt, fordel på tallerkener og server som tilbehør.

Ernæring: Kalorier 290, fedt 16,1, fibre 7,4, kulhydrater 37,6, protein 6,2

Salat med rucola og pinjekerner

Forberedelsestid: 5 minutter
Tilberedningstid: 0 minutter
Portioner: 4

Ingredienser:
- ¼ kop granatæblekerner
- 5 kopper baby rucola
- 6 spsk grønne løg, hakket
- 1 spsk balsamicoeddike
- 2 spsk olivenolie
- 3 spsk pinjekerner
- ½ skalotteløg, hakket

Rutevejledning:
1. I en salatskål kombineres rucolaen med granatæblet og de øvrige ingredienser, blandes og serveres.

Ernæring: Kalorier 120, fedt 11,6, fibre 0,9, kulhydrater 4,2, protein 1,8

Mandler og spinat

Forberedelsestid: 10 minutter
Tilberedningstid: 0 minutter
Portioner: 4

Ingredienser:
- 2 spsk olivenolie
- 2 avocadoer, skrællet, udstenet og skåret i tern
- 3 kopper babyspinat
- ¼ kop mandler, ristede og hakkede
- 1 spsk citronsaft
- 1 spsk koriander, hakket

Rutevejledning:
1. Bland avocadoerne med mandlerne, spinat og de øvrige ingredienser i en skål, vend rundt og server som tilbehør.

Ernæring: Kalorier 181, Fedt 4, Fiber 4,8, Kulhydrater 11,4, Protein 6

Grønne bønner og lammesalat

Forberedelsestid: 4 minutter
Tilberedningstid: 0 minutter
Portioner: 4

Ingredienser:
- Saft af 1 lime
- 2 kopper romainesalat, strimlet
- 1 kop majs
- ½ pund grønne bønner, blancheret og halveret
- 1 agurk, hakket
- 1/3 kop purløg, hakket

Rutevejledning:
1. Bland de grønne bønner med majsen og de øvrige ingredienser i en skål, vend og server.

Ernæring: Kalorier 225, Fedt 12, Fiber 2,4, Kulhydrater 11,2, Protein 3,5

Endivie og grønkålssalat

Forberedelsestid: 4 minutter
Tilberedningstid: 0 minutter
Portioner: 4

Ingredienser:
- 3 spsk olivenolie
- 2 endivie, trimmet og hakket
- 2 spsk limesaft
- 1 spsk limeskal, revet
- 1 rødløg, skåret i skiver
- 1 spsk balsamicoeddike
- 1 pund grønkål, strimlet
- En knivspids sort peber

Rutevejledning:
1. Bland endiverne i en skål med grønkålen og de øvrige ingredienser, vend godt rundt og server koldt som en sidesalat.

Ernæring: Kalorier 270, Fedt 11,4, Fiber 5, Kulhydrater 14,3, Protein 5,7

Edamame salat

Forberedelsestid: 5 minutter
Tilberedningstid: 6 minutter
Portioner: 4

Ingredienser:
- 2 spsk olivenolie
- 2 spsk balsamicoeddike
- 2 fed hvidløg, hakket
- 3 kopper edamame, skrællet
- 1 spsk purløg, hakket
- 2 skalotteløg, hakket

Rutevejledning:
1. Varm en pande op med olien over middel varme, tilsæt edamame, hvidløg og de øvrige ingredienser, vend rundt, kog i 6 minutter, kom over på tallerkener og server.

Ernæring: Kalorier 270, fedt 8,4, fibre 5,3, kulhydrater 11,4, protein 6

Drue- og avocadosalat

Forberedelsestid: 5 minutter
Tilberedningstid: 0 minutter
Portioner: 4

Ingredienser:
- 2 kopper babyspinat
- 2 avocadoer, skrællet, udstenet og skåret i grove tern
- 1 agurk, skåret i skiver
- 1½ kop grønne druer, halveret
- 2 spsk avocadoolie
- 1 spsk æblecidereddike
- 2 spsk persille, hakket
- En knivspids sort peber

Rutevejledning:
1. Bland babyspinaten med avocadoerne og de øvrige ingredienser i en salatskål, vend rundt og server.

Ernæring: Kalorier 277, Fedt 11,4, Fiber 5, Kulhydrater 14,6, Protein 4

Oregano og aubergineblanding

Forberedelsestid: 10 minutter
Tilberedningstid: 20 minutter
Portioner: 4

Ingredienser:
- 2 store auberginer i grove tern
- 1 spsk oregano, hakket
- ½ kop fedtfattig parmesan, revet
- ¼ tsk hvidløgspulver
- 2 spsk olivenolie
- En knivspids sort peber

Rutevejledning:
1. Bland og vend auberginerne sammen med oreganoen og de øvrige ingredienser undtagen osten i et ovnfast fad.
2. Drys parmesan ovenpå, sæt i ovnen og bag ved 370 grader F i 20 minutter.
3. Fordel på tallerkener og server som tilbehør.

Ernæring: Kalorier 248, Fedt 8,4, Fiber 4, Kulhydrater 14,3, Protein 5,4

Bagt tomatblanding

Forberedelsestid: 10 minutter
Tilberedningstid: 20 minutter
Portioner: 4

Ingredienser:
- 2 pund tomater, halveret
- 1 spsk basilikum, hakket
- 3 spsk olivenolie
- Skal af 1 citron, revet
- 3 fed hvidløg, hakket
- ¼ kop fedtfattig parmesan, revet
- En knivspids sort peber

Rutevejledning:
1. Bland og vend tomaterne i en bradepande med basilikum og de øvrige ingredienser undtagen osten.
2. Drys parmesan ovenpå, sæt i ovnen ved 375 grader F i 20 minutter, fordel på tallerkener og server som tilbehør.

Ernæring: Kalorier 224, Fedt 12, Fiber 4,3, Kulhydrater 10,8, Protein 5,1

Timian svampe

Forberedelsestid: 10 minutter
Tilberedningstid: 30 minutter
Portioner: 4

Ingredienser:
- 2 pund hvide svampe, halveret
- 4 fed hvidløg, hakket
- 2 spsk olivenolie
- 1 spsk timian, hakket
- 2 spsk persille, hakket
- Sort peber efter smag

Rutevejledning:
1. I en bradepande, kombiner svampene med hvidløg og andre ingredienser, vend, sæt i ovnen og kog ved 400 grader F i 30 minutter.
2. Fordel på tallerkener og server som tilbehør.

Ernæring: Kalorier 251, Fedt 9,3, Fiber 4, Kulhydrater 13,2, Protein 6

Steg spinat og majs

Forberedelsestid: 10 minutter
Tilberedningstid: 15 minutter
Portioner: 4

Ingredienser:
- 1 kop majs
- 1 pund spinatblade
- 1 tsk sød paprika
- 1 spsk olivenolie
- 1 gult løg, hakket
- ½ kop basilikum, revet
- En knivspids sort peber
- ½ tsk rød peberflager

Rutevejledning:
1. Varm en pande op med olien ved middel varme, tilsæt løget, rør rundt og steg i 5 minutter.
2. Tilsæt majs, spinat og de øvrige ingredienser, vend rundt, kog over medium varme i yderligere 10 minutter, fordel på tallerkener og server.

Ernæring: Kalorier 201, Fedt 13,1, Fiber 2,5, Kulhydrater 14,4, Protein 3,7

Steg majs og forårsløg

Forberedelsestid: 10 minutter
Tilberedningstid: 15 minutter
Portioner: 4

Ingredienser:
- 4 kopper majs
- 1 spsk avocadoolie
- 2 skalotteløg, hakket
- 1 tsk chilipulver
- 2 spsk tomatpure, uden tilsat salt
- 3 forårsløg, hakket
- En knivspids sort peber

Rutevejledning:
1. Varm en pande op med olien ved middel varme, tilsæt forårsløg og chilipulver, rør rundt og steg i 5 minutter.
2. Tilsæt majs og andre ingredienser, rør rundt, kog i yderligere 10 minutter, fordel på tallerkener og server som tilbehør.

Ernæring: Kalorier 259, Fedt 11,1, Fiber 2,6, Kulhydrater 13,2, Protein 3,5

Spinat og mango salat

Forberedelsestid: 10 minutter
Tilberedningstid: 0 minutter
Portioner: 4

Ingredienser:
- 1 kop mango, skrællet og skåret i tern
- 4 kopper babyspinat
- 1 spsk olivenolie
- 2 forårsløg, hakket
- 1 spsk citronsaft
- 1 spsk kapers, drænet, uden tilsat salt
- 1/3 kop mandler, hakkede

Rutevejledning:
1. Bland spinaten med mangoen og de øvrige ingredienser i en skål, vend rundt og server.

Ernæring: Kalorier 200, Fedt 7,4, Fiber 3, Kulhydrater 4,7, Protein 4,4

Senneps kartofler

Forberedelsestid: 5 minutter
Tilberedningstid: 1 time
Portioner: 4

Ingredienser:
- 1 pund gyldne kartofler, skrællet og skåret i tern
- 2 spsk olivenolie
- En knivspids sort peber
- 2 spsk rosmarin, hakket
- 1 spsk dijonsennep
- 2 fed hvidløg, hakket

Rutevejledning:
1. I en bradepande, bland kartoflerne med olien og andre ingredienser, vend dem, sæt dem i ovnen ved 400 grader F og bag dem i cirka 1 time.
2. Fordel på tallerkener og server som tilbehør.

Ernæring: Kalorier 237, Fedt 11,5, Fiber 6,4, Kulhydrater 14,2, Protein 9

Kokos rosenkål

Forberedelsestid: 5 minutter
Tilberedningstid: 30 minutter
Portioner: 4

Ingredienser:
- 1 pund rosenkål, skåret og halveret
- 1 kop kokosfløde
- 1 spsk olivenolie
- 2 skalotteløg, hakket
- En knivspids sort peber
- ½ kop cashewnødder, hakkede

Rutevejledning:
1. I en bradepande, kombiner spirerne med fløden og de resterende ingredienser, vend og bag i ovnen ved 350 grader F i 30 minutter.
2. Fordel på tallerkener og server som tilbehør.

Ernæring: Kalorier 270, fedt 6,5, fibre 5,3, kulhydrater 15,9, protein 3,4

Salvie gulerødder

Forberedelsestid: 10 minutter
Tilberedningstid: 30 minutter
Portioner: 4

Ingredienser:
- 2 spsk olivenolie
- 2 tsk sød paprika
- 1 pund gulerødder, skrællet og skåret i grove tern
- 1 rødløg, hakket
- 1 spsk salvie, hakket
- En knivspids sort peber

Rutevejledning:
1. I en bradepande, smid gulerødderne med olien og andre ingredienser, vend og bag ved 380 grader F i 30 minutter.
2. Fordel på tallerkener og server.

Ernæring: Kalorier 200, fedt 8,7, fibre 2,5, kulhydrater 7,9, protein 4

Hvidløgssvampe og majs

Forberedelsestid: 10 minutter
Tilberedningstid: 20 minutter
Portioner: 4

Ingredienser:
- 1 pund hvide svampe, halveret
- 2 kopper majs
- 2 spsk olivenolie
- 4 fed hvidløg, hakket
- 1 kop dåsetomater, uden salt tilsat, hakket
- En knivspids sort peber
- ½ tsk chilipulver

Rutevejledning:
1. Varm en pande op med olien over middel varme, tilsæt svampe, hvidløg og majs, rør rundt og steg i 10 minutter.
2. Tilsæt de resterende ingredienser, rør rundt, kog over medium varme i yderligere 10 minutter, fordel på tallerkener og server.

Ernæring: Kalorier 285, Fedt 13, Fiber 2,2, Kulhydrater 14,6, Protein 6,7.

Pesto grønne bønner

Forberedelsestid: 10 minutter
Tilberedningstid: 15 minutter
Portioner: 4

Ingredienser:
- 2 spsk basilikumpesto
- 2 tsk sød paprika
- 1 pund grønne bønner, trimmet og halveret
- Saft af 1 citron
- 2 spsk olivenolie
- 1 rødløg, skåret i skiver
- En knivspids sort peber

Rutevejledning:
1. Varm en pande op med olien ved middel varme, tilsæt løget, rør rundt og steg i 5 minutter.
2. Tilsæt bønnerne og de resterende ingredienser, vend rundt, kog ved middel varme i 10 minutter, fordel på tallerkener og server.

Ernæring: Kalorier 280, Fedt 10, Fiber 7,6, Kulhydrater 13,9, Protein 4,7

Estragon tomater

Forberedelsestid: 5 minutter
Tilberedningstid: 0 minutter
Portioner: 4

Ingredienser:
- 1½ spsk olivenolie
- 1 pund tomater, skåret i tern
- 1 spsk limesaft
- 1 spsk limeskal, revet
- 2 spsk estragon, hakket
- En knivspids sort peber

Rutevejledning:
1. Bland tomaterne med de øvrige ingredienser i en skål, vend og server som en sidesalat.

Ernæring: Kalorier 170, fedt 4, fibre 2,1, kulhydrater 11,8, proteiner 6

Mandelbeder

Forberedelsestid: 10 minutter
Tilberedningstid: 30 minutter
Portioner: 4

Ingredienser:
- 4 rødbeder, skrællet og skåret i tern
- 3 spsk olivenolie
- 2 spsk mandler, hakkede
- 2 spsk balsamicoeddike
- En knivspids sort peber
- 2 spsk persille, hakket

Rutevejledning:
1. I en bradepande, smid rødbederne med olien og andre ingredienser, vend dem, sæt dem i ovnen og bag dem ved 400 grader F i 30 minutter.
2. Fordel blandingen mellem tallerkener og server.

Ernæring: Kalorier 230, Fedt 11, Fiber 4,2, Kulhydrater 7,3, Protein 3,6

Minte tomater og majs

Forberedelsestid: 5 minutter
Tilberedningstid: 0 minutter
Portioner: 4

Ingredienser:
- 2 spsk mynte, hakket
- 1 pund tomater, skåret i tern
- 2 kopper majs
- 2 spsk olivenolie
- 1 spsk rosmarineddike
- En knivspids sort peber

Rutevejledning:
1. Bland tomaterne med majs og de øvrige ingredienser i en salatskål, vend og server.

God fornøjelse!

Ernæring: Kalorier 230, Fedt 7,2, Fiber 2, Kulhydrater 11,6, Protein 4

Zucchini avocado salsa

Forberedelsestid: 5 minutter
Tilberedningstid: 10 minutter
Portioner: 4

Ingredienser:
- 2 spsk olivenolie
- 2 zucchini i tern
- 1 avocado, skrællet, udstenet og skåret i tern
- 2 tomater, i tern
- 1 agurk, i tern
- 1 gult løg, hakket
- 2 spsk frisk limesaft
- 2 spsk koriander, hakket

Rutevejledning:
1. Varm en pande op med olien over middel varme, tilsæt løg og zucchini, vend rundt og steg i 5 minutter.
2. Tilsæt de resterende ingredienser, rør rundt, kog i yderligere 5 minutter, fordel på tallerkener og server.

Ernæring: Kalorier 290, fedt 11,2, fibre 6,1, kulhydrater 14,7, protein 5,6

Æble- og kålblanding

Forberedelsestid: 5 minutter
Tilberedningstid: 0 minutter
Portioner: 4

Ingredienser:
- 2 grønne æbler, udkernede og skåret i tern
- 1 rødkålshoved, revet
- 2 spsk balsamicoeddike
- ½ tsk spidskommen
- 2 spsk olivenolie
- Sort peber efter smag

Rutevejledning:
1. Bland kålen med æblerne og de øvrige ingredienser i en skål, vend rundt og server som en sidesalat.

Ernæring: Kalorier 165, Fedt 7,4, Fiber 7,3, Kulhydrater 26, Protein 2,6

Ristede rødbeder

Forberedelsestid: 10 minutter
Tilberedningstid: 30 minutter
Portioner: 4

Ingredienser:
- 4 rødbeder, skrællet og skåret i tern
- 2 spsk olivenolie
- 2 fed hvidløg, hakket
- En knivspids sort peber
- ¼ kop persille, hakket
- ¼ kop valnødder, hakket

Rutevejledning:
1. I en bageform, smid rødbederne med olien og andre ingredienser, vend dem til belægning, sæt i ovnen ved 420 grader F, bag i 30 minutter, overfør til plader og server som tilbehør.

Ernæring: Kalorier 156, fedt 11,8, fibre 2,7, kulhydrater 11,5, protein 3,8

Dildkål

Forberedelsestid: 10 minutter
Tilberedningstid: 15 minutter
Portioner: 4

Ingredienser:
- 1 pund grønkål, strimlet
- 1 gult løg, hakket
- 1 tomat, i tern
- 1 spsk dild, hakket
- En knivspids sort peber
- 1 spsk olivenolie

Rutevejledning:
1. Varm en pande op med olien over middel varme, tilsæt løget og svits i 5 minutter.
2. Tilsæt kålen og de resterende ingredienser, vend rundt, kog ved middel varme i 10 minutter, fordel på tallerkener og server.

Ernæring: Kalorier 74, fedt 3,7, fibre 3,7, kulhydrater 10,2, protein 2,1

Kål og gulerodssalat

Forberedelsestid: 5 minutter
Tilberedningstid: 0 minutter
Portioner: 4

Ingredienser:
- 2 skalotteløg, hakket
- 2 gulerødder, revet
- 1 stort rødkålshoved, revet
- 1 spsk olivenolie
- 1 spsk rød eddike
- En knivspids sort peber
- 1 spsk limesaft

Rutevejledning:
1. Bland kålen med skalotteløg og de øvrige ingredienser i en skål, vend og server som en sidesalat.

Ernæring: Kalorier 106, Fedt 3,8, Fiber 6,5, Kulhydrater 18, Protein 3,3

Tomat og oliven salsa

Forberedelsestid: 10 minutter
Tilberedningstid: 0 minutter
Portioner: 6

Ingredienser:
- 1 pund cherrytomater, halveret
- 2 spsk olivenolie
- 1 kop Kalamata oliven, udstenede og halveret
- En knivspids sort peber
- 1 rødløg, hakket
- 1 spsk balsamicoeddike
- ¼ kop koriander, hakket

Rutevejledning:
1. Bland tomaterne med oliven og de øvrige ingredienser i en skål, vend og server som en sidesalat.

Ernæring: Kalorier 131, Fedt 10,9, Fiber 3,1, Kulhydrater 9,2, Protein 1,6

Zucchini salat

Forberedelsestid: 4 minutter
Tilberedningstid: 0 minutter
Portioner: 4

Ingredienser:
- 2 zucchini, skåret med en spiralskærer
- 1 rødløg, skåret i skiver
- 1 spsk basilikumpesto
- 1 spsk citronsaft
- 1 spsk olivenolie
- ½ kop koriander, hakket
- Sort peber efter smag

Rutevejledning:
1. I en salatskål blandes zucchinien med løget og de øvrige ingredienser, blandes og serveres.

Ernæring: Kalorier 58, Fedt 3,8, Fiber 1,8, Kulhydrater 6, Protein 1,6

Karrygulerodsurt

Forberedelsestid: 4 minutter
Tilberedningstid: 0 minutter
Portioner: 4

Ingredienser:
- 1 pund gulerødder, skrællet og groft revet
- 2 spsk avocadoolie
- 2 spsk citronsaft
- 3 spsk sesamfrø
- ½ tsk karrypulver
- 1 tsk rosmarin, tørret
- ½ tsk stødt spidskommen

Rutevejledning:
1. Bland gulerødderne i en skål med olie, citronsaft og de resterende ingredienser, vend rundt og server koldt som sidesalat.

Ernæring: Kalorier 99, Fedt 4,4, Fiber 4,2, Kulhydrater 13,7, Protein 2,4

Salat og rødbedesalat

Forberedelsestid: 5 minutter
Tilberedningstid: 0 minutter
Portioner: 4

Ingredienser:
- 1 spsk ingefær, revet
- 2 fed hvidløg, hakket
- 4 kopper romainesalat, revet
- 1 majroe, skrællet og revet
- 2 forårsløg, hakket
- 1 spsk balsamicoeddike
- 1 spsk sesamfrø

Rutevejledning:
1. Bland salaten med ingefær, hvidløg og de øvrige ingredienser i en skål, vend rundt og server som tilbehør.

Ernæring: Kalorier 42, Fedt 1,4, Fiber 1,5, Kulhydrater 6,7, Protein 1,4

Urte radiser

Forberedelsestid: 5 minutter
Tilberedningstid: 0 minutter
Portioner: 4

Ingredienser:
- 1 pund rød radiser, groft skåret i tern
- 1 spsk purløg, hakket
- 1 spsk persille, hakket
- 1 spsk oregano, hakket
- 2 spsk olivenolie
- 1 spsk limesaft
- Sort peber efter smag

Rutevejledning:
1. Bland radiserne med purløg og de øvrige ingredienser i en salatskål, vend rundt og server.

Ernæring: Kalorier 85, Fedt 7,3, Fiber 2,4, Kulhydrater 5,6, Protein 1

Bagt fennikelblanding

Forberedelsestid: 5 minutter
Tilberedningstid: 20 minutter
Portioner: 4

Ingredienser:
- 2 fennikelløg, skåret i skiver
- 1 tsk sød paprika
- 1 lille rødløg, skåret i skiver
- 2 spsk olivenolie
- 2 spsk limesaft
- 2 spsk dild, hakket
- Sort peber efter smag

Rutevejledning:
1. I en bradepande, kombiner fennikel med peberfrugter og andre ingredienser, vend og bag ved 380 grader F i 20 minutter.
2. Fordel blandingen mellem tallerkener og server.

Ernæring: Kalorier 114, Fedt 7,4, Fiber 4,5, Kulhydrater 13,2, Protein 2,1

Brændt peberfrugt

Forberedelsestid: 10 minutter
Tilberedningstid: 30 minutter
Portioner: 4

Ingredienser:
- 1 pund blandet peberfrugt, skåret i tern
- 1 rødløg, skåret i tynde skiver
- 2 spsk olivenolie
- Sort peber efter smag
- 1 spsk oregano, hakket
- 2 spsk mynteblade, hakket

Rutevejledning:
1. I en bradepande, kombiner peberfrugterne med løget og andre ingredienser, vend og bag ved 380 grader F i 30 minutter.
2. Fordel blandingen mellem tallerkener og server.

Ernæring: Kalorier 240, Fedt 8,2, Fiber 4,2, Kulhydrater 11,3, Protein 5,6

Steg dadler og kål

Forberedelsestid: 5 minutter
Tilberedningstid: 15 minutter
Portioner: 4

Ingredienser:
- 1 pund rødkål, strimlet
- 8 dadler, udstenede og skåret i skiver
- 2 spsk olivenolie
- ¼ kop grøntsagsbouillon med lavt natriumindhold
- 2 spsk purløg, hakket
- 2 spsk citronsaft
- Sort peber efter smag

Rutevejledning:
1. Varm en pande op med olien over middel varme, tilsæt kål og dadler, vend rundt og kog i 4 minutter.
2. Tilsæt bouillon og øvrige ingredienser, rør rundt, kog ved middel varme i yderligere 11 minutter, del i tallerkener og server.

Ernæring: Kalorier 280, Fedt 8,1, Fiber 4,1, Kulhydrater 8,7, Protein 6,3

Sorte bønner blanding

Forberedelsestid: 4 minutter
Tilberedningstid: 0 minutter
Portioner: 4

Ingredienser:
- 3 kopper sorte bønner på dåse, uden salt tilsat, drænet og skyllet
- 1 kop cherrytomater, halveret
- 2 skalotteløg, hakket
- 3 spsk olivenolie
- 1 spsk balsamicoeddike
- Sort peber efter smag
- 1 spsk purløg, hakket

Rutevejledning:
1. Bland bønnerne med tomaterne og de øvrige ingredienser i en skål, vend og server koldt som tilbehør.

Ernæring: Kalorier 310, Fedt 11,0, Fiber 5,3, Kulhydrater 19,6, Protein 6,8

Blanding af oliven og endivie

Forberedelsestid: 4 minutter
Tilberedningstid: 0 minutter
Portioner: 4

Ingredienser:
- 2 forårsløg, hakket
- 2 endivie, revet
- 1 kop sorte oliven, udstenede og skåret i skiver
- ½ kop Kalamata oliven, udstenede og skåret i skiver
- ¼ kop æblecidereddike
- 2 spsk olivenolie
- 1 spsk koriander, hakket

Rutevejledning:
1. Bland endiverne med oliven og de øvrige ingredienser i en skål, vend og server.

Ernæring: Kalorier 230, Fedt 9,1, Fiber 6,3, Kulhydrater 14,6, Protein 7,2

tomat-agurk-salat

Forberedelsestid: 5 minutter
Tilberedningstid: 0 minutter
Portioner: 4

Ingredienser:
- ½ pund tomater i tern
- 2 agurker, skåret i skiver
- 1 spsk olivenolie
- 2 forårsløg, hakket
- Sort peber efter smag
- Saft af 1 lime
- ½ kop basilikum, hakket

Rutevejledning:
1. Bland tomaterne med agurken og de øvrige ingredienser i en salatskål, vend og server koldt.

Ernæring: Kalorier 224, Fedt 11,2, Fiber 5,1, Kulhydrater 8,9, Protein 6,2

Peber- og gulerodssalat

Forberedelsestid: 5 minutter
Tilberedningstid: 0 minutter
Portioner: 4

Ingredienser:
- 1 kop cherrytomater, halveret
- 1 gul peberfrugt, hakket
- 1 rød peberfrugt, hakket
- 1 grøn peberfrugt, hakket
- ½ pund gulerødder, revet
- 3 spsk rødvinseddike
- 2 spsk olivenolie
- 1 spsk koriander, hakket
- Sort peber efter smag

Rutevejledning:
1. Bland tomaterne med peberfrugt, gulerødder og de øvrige ingredienser i en salatskål, vend og server som en sidesalat.

Ernæring: Kalorier 123, Fedt 4, Fiber 8,4, Kulhydrater 14,4, Protein 1,1

Blanding af sorte bønner og ris

Forberedelsestid: 10 minutter
Tilberedningstid: 30 minutter
Portioner: 4

Ingredienser:
- 2 spsk olivenolie
- 1 gult løg, hakket
- 1 kop dåse sorte bønner, uden salt tilsat, drænet og skyllet
- 2 kopper sorte ris
- 4 kopper lav natrium kylling bouillon
- 2 spsk timian, hakket
- Skal af en halv citron, revet
- En knivspids sort peber

Rutevejledning:
1. Varm en pande op med olien ved middel varme, tilsæt løget, rør rundt og steg i 4 minutter.
2. Tilsæt bønner, ris og de øvrige ingredienser, rør rundt, bring det i kog og kog ved middel varme i 25 minutter.
3. Rør blandingen, del den mellem tallerkener og server.

Ernæring: Kalorier 290, Fedt 15,3, Fiber 6,2, Kulhydrater 14,6, Protein 8

Blanding af ris og blomkål

Forberedelsestid: 10 minutter
Tilberedningstid: 25 minutter
Portioner: 4

Ingredienser:
- 1 kop blomkålsbuketter
- 1 kop hvide ris
- 2 kopper lavt natrium kyllingebouillon
- 1 spsk avocadoolie
- 2 skalotteløg, hakket
- ¼ kop tranebær
- ½ kop mandler, skåret i skiver

Rutevejledning:
1. Varm en pande op med olien over middel varme, tilsæt skalotteløg, rør rundt og svits i 5 minutter.
2. Tilsæt blomkål, ris og andre ingredienser, rør rundt, bring det i kog og kog ved middel varme i 20 minutter.
3. Fordel blandingen mellem tallerkener og server.

Ernæring: Kalorier 290, Fedt 15,1, Fiber 5,6, Kulhydrater 7, Protein 4,5

Balsamicobønneblanding

Forberedelsestid: 10 minutter
Tilberedningstid: 0 minutter
Portioner: 4

Ingredienser:
- 2 kopper sorte bønner på dåse, uden salt tilsat, drænet og skyllet
- 2 kopper hvide bønner på dåse, uden salt tilsat, drænet og skyllet
- 2 spsk balsamicoeddike
- 2 spsk olivenolie
- 1 tsk oregano, tørret
- 1 tsk tørret basilikum
- 1 spsk purløg, hakket

Rutevejledning:
1. Bland bønnerne med eddike og de øvrige ingredienser i en salatskål, vend og server som en sidesalat.

Ernæring: Kalorier 322, Fedt 15,1, Fiber 10, Kulhydrater 22,0, Protein 7

Cremet rødbeder

Forberedelsestid: 5 minutter
Tilberedningstid: 20 minutter
Portioner: 4

Ingredienser:
- 1 pund rødbeder, skrællet og skåret i tern
- 1 rødløg, hakket
- 1 spsk olivenolie
- ½ kop kokosfløde
- 4 spsk fedtfattig yoghurt
- 1 spsk purløg, hakket

Rutevejledning:
1. Varm en pande op med olien ved middel varme, tilsæt løget, rør rundt og steg i 4 minutter.
2. Tilsæt rødbeder, fløde og de resterende ingredienser, vend rundt, kog over medium varme i yderligere 15 minutter, fordel på tallerkener og server.

Ernæring: Kalorier 250, Fedt 13,4, Fiber 3, Kulhydrater 13,3, Protein 6,4

Bland af avocado og peberfrugt

Forberedelsestid: 10 minutter
Tilberedningstid: 14 minutter
Portioner: 4

Ingredienser:
- 1 spsk avocadoolie
- 1 tsk sød paprika
- 1 pund blandet peberfrugt, skåret i strimler
- 1 avocado, skrællet, udstenet og halveret
- 1 tsk hvidløgspulver
- 1 tsk rosmarin, tørret
- ½ kop grøntsagsbouillon med lavt natriumindhold
- Sort peber efter smag

Rutevejledning:
1. Varm en pande op med olien over middel varme, tilsæt alle peberfrugterne, rør rundt og steg i 5 minutter.
2. Tilsæt de resterende ingredienser, rør rundt, kog i yderligere 9 minutter ved middel varme, fordel på tallerkener og server.

Ernæring: Kalorier 245, Fedt 13,8, Fiber 5, Kulhydrater 22,5, Protein 5,4

Brændt sød kartoffel og rødbeder

Forberedelsestid: 10 minutter
Tilberedningstid: 1 time
Portioner: 4

Ingredienser:
- 3 spsk olivenolie
- 2 søde kartofler, skrællet og skåret i tern
- 2 rødbeder, skrællet og skåret i tern
- 1 spsk oregano, hakket
- 1 spsk limesaft
- Sort peber efter smag

Rutevejledning:
1. Arranger søde kartofler og rødbeder på en bageplade beklædt med bagepapir, tilsæt de resterende ingredienser, bland, sæt i ovnen og bag ved 375 grader F i 1 time/
2. Fordel på tallerkener og server som tilbehør.

Ernæring: Kalorier 240, Fedt 11,2, Fiber 4, Kulhydrater 8,6, Protein 12,1

Sauter grønkål

Forberedelsestid: 10 minutter
Tilberedningstid: 15 minutter
Portioner: 4

Ingredienser:
- 2 spsk olivenolie
- 3 spsk kokosnødde aminosyrer
- 1 pund grønkål, strimlet
- 1 rødløg, hakket
- 2 fed hvidløg, hakket
- 1 spsk limesaft
- 1 spsk koriander, hakket

Rutevejledning:
1. Varm en pande op med olivenolien ved middel varme, tilsæt løg og hvidløg og svits i 5 minutter.
2. Tilsæt grønkål og de øvrige ingredienser, vend rundt, kog ved middel varme i 10 minutter, fordel på tallerkener og server.

Ernæring: Kalorier 200, Fedt 7,1, Fiber 2, Kulhydrater 6,4, Protein 6

Krydrede gulerødder

Forberedelsestid: 10 minutter
Tilberedningstid: 20 minutter
Portioner: 4

Ingredienser:
- 1 spsk citronsaft
- 1 spsk olivenolie
- ½ tsk allehånde, stødt
- ½ tsk stødt spidskommen
- ½ tsk stødt muskatnød
- 1 pund babygulerødder, trimmet
- 1 spsk rosmarin, hakket
- Sort peber efter smag

Rutevejledning:
1. I en stegepande kombinerer du gulerødderne med citronsaft, olie og de andre ingredienser, vend dem, anbring i ovnen og bag ved 400 grader F i 20 minutter.
2. Fordel på tallerkener og server.

Ernæring: Kalorier 260, Fedt 11,2, Fiber 4,5, Kulhydrater 8,3, Protein 4,3

Citronagtige artiskokker

Forberedelsestid: 10 minutter
Tilberedningstid: 20 minutter
Portioner: 4

Ingredienser:
- 2 spsk citronsaft
- 4 artiskokker, renset og halveret
- 1 spsk dild, hakket
- 2 spsk olivenolie
- En knivspids sort peber

Rutevejledning:
1. Kombiner artiskokkerne i en stegepande med citronsaften og andre ingredienser, vend forsigtigt og bag ved 400 grader F i 20 minutter. Fordel på tallerkener og server.

Ernæring: Kalorier 140, fedt 7,3, fibre 8,9, kulhydrater 17,7, protein 5,5

Broccoli, bønner og ris

Forberedelsestid: 10 minutter
Tilberedningstid: 30 minutter
Portioner: 4

Ingredienser:
- 1 kop broccolibuketter, hakket
- 1 kop dåse sorte bønner, uden salt tilsat, drænet
- 1 kop hvide ris
- 2 kopper lavt natrium kyllingebouillon
- 2 tsk sød paprika
- Sort peber efter smag

Rutevejledning:
1. Hæld bouillonen i en gryde, opvarm over middel varme, tilsæt risene og de resterende ingredienser, rør rundt, bring det i kog og kog i 30 minutter under omrøring af og til.
2. Fordel blandingen mellem tallerkener og server som tilbehør.

Ernæring: Kalorier 347, Fedt 1,2, Fiber 9, Kulhydrater 69,3, Protein 15,1

Bagt græskar mix

Forberedelsestid: 10 minutter
Tilberedningstid: 45 minutter
Portioner: 4

Ingredienser:
- 2 spsk olivenolie
- 2 pund butternut squash, skrællet og skåret i tern
- 1 spsk citronsaft
- 1 tsk chilipulver
- 1 tsk hvidløgspulver
- 2 tsk koriander, hakket
- En knivspids sort peber

Vejbeskrivelse
1. I en bradepande, kombiner squashen med olien og andre ingredienser, vend forsigtigt, bag i ovnen ved 400 grader F i 45 minutter, overfør til plader og server som tilbehør.

Ernæring: Kalorier 167, Fedt 7,4, Fiber 4,9, Kulhydrater 27,5, Protein 2,5

Cremet asparges

Forberedelsestid: 5 minutter
Tilberedningstid: 20 minutter
Portioner: 4

Ingredienser:
- ½ tsk stødt muskatnød
- 1 pund asparges, trimmet og halveret
- 1 kop kokosfløde
- 1 gult løg, hakket
- 2 spsk olivenolie
- 1 spsk limesaft
- 1 spsk koriander, hakket

Rutevejledning:
1. Varm en pande op med olien over middel varme, tilsæt løg og muskatnød, rør rundt og svits i 5 minutter.
2. Tilsæt asparges og de øvrige ingredienser, vend rundt, bring det i kog og kog ved middel varme i 15 minutter.
3. Fordel på tallerkener og server.

Ernæring: Kalorier 236, Fedt 21,6, Fiber 4,4, Kulhydrater 11,4, Protein 4,2

Basilikum og roeblanding

Forberedelsestid: 10 minutter
Tilberedningstid: 15 minutter
Portioner: 4

Ingredienser:
- 1 spsk avocadoolie
- 4 rødbeder, skåret i skiver
- ¼ kop basilikum, hakket
- Sort peber efter smag
- ¼ kop grøntsagsbouillon med lavt natriumindhold
- ½ kop valnødder, hakkede
- 2 fed hvidløg, hakket

Rutevejledning:
1. Varm en pande op med olien ved middel varme, tilsæt hvidløg og rødbeder og steg i 5 minutter.
2. Tilsæt de resterende ingredienser, rør rundt, kog i yderligere 10 minutter, fordel på tallerkener og server.

Ernæring: Kalorier 140, Fedt 9,7, Fiber 3,3, Kulhydrater 10,5, Protein 5

Bland ris og kapers

Forberedelsestid: 10 minutter
Tilberedningstid: 20 minutter
Portioner: 4

Ingredienser:
- 1 kop hvide ris
- 1 spsk kapers, hakket
- 2 kopper lavt natrium kyllingebouillon
- 1 rødløg, hakket
- 1 spsk avocadoolie
- 1 spsk koriander, hakket
- 1 tsk sød paprika

Rutevejledning:
1. Varm en pande op med olien ved middel varme, tilsæt løget, rør rundt og steg i 5 minutter.
2. Tilsæt ris, kapers og de øvrige ingredienser, rør rundt, bring det i kog og kog i 15 minutter.
3. Fordel blandingen mellem tallerkener og server som tilbehør.

Ernæring: Kalorier 189, Fedt 0,9, Fiber 1,6, Kulhydrater 40,2, Protein 4,3

Spinat og grønkål blandes

Forberedelsestid: 5 minutter
Tilberedningstid: 15 minutter
Portioner: 4

Ingredienser:
- 2 kopper babyspinat
- 5 kopper grønkål, revet
- 2 skalotteløg, hakket
- 2 fed hvidløg, hakket
- 1 kop dåsetomater, uden salt tilsat, hakket
- 1 spsk olivenolie

Rutevejledning:
1. Varm en pande op med olien ved middel varme, tilsæt skalotteløg, rør rundt og steg i 5 minutter.
2. Tilsæt spinat, grønkål og de øvrige ingredienser, vend rundt, kog i yderligere 10 minutter, fordel på tallerkener og server som tilbehør.

Ernæring: Kalorier 89, fedt 3,7, fibre 2,2, kulhydrater 12,4, protein 3,6

Kalkun og spidskommen Broccoli

Forberedelsestid: 10 minutter
Tilberedningstid: 30 minutter
Portioner: 4

Ingredienser:
- 1 rødløg, hakket
- 1 pund kalkunbryst, uden hud, uden ben og i tern
- 2 kopper broccolibuketter
- 1 tsk spidskommen, stødt
- 3 fed hvidløg, hakket
- 2 spsk olivenolie
- 14 ounce kokosmælk
- En knivspids sort peber
- ¼ kop koriander, hakket

Rutevejledning:
1. Varm en pande op med olien over middel varme, tilsæt løg og hvidløg, rør rundt og svits i 5 minutter.
2. Tilsæt kalkunen, vend og brun i 5 minutter.
3. Tilsæt broccoli og de resterende ingredienser, lad det simre ved middel varme og kog i 20 minutter.
4. Fordel blandingen mellem tallerkener og server.

Ernæring: Kalorier 438, fedt 32,9, fibre 4,7, kulhydrater 16,8, protein 23,5

Fed kylling

Forberedelsestid: 10 minutter
Tilberedningstid: 30 minutter
Portioner: 4

Ingredienser:
- 1 pund kyllingebryst, uden skind, udbenet og i tern
- 1 kop lav natrium kylling bouillon
- 1 spsk avocadoolie
- 2 tsk nelliker, malet
- 1 gult løg, hakket
- 2 tsk sød paprika
- 3 tomater, i tern
- En knivspids salt og sort peber
- ½ kop persille, hakket

Rutevejledning:
1. Varm en pande op med olien over middel varme, tilsæt løget og svits i 5 minutter.
2. Tilsæt kyllingen og svits i yderligere 5 minutter.
3. Tilsæt bouillon og de resterende ingredienser, bring det i kog og kog over medium varme i yderligere 20 minutter.
4. Fordel blandingen mellem tallerkener og server.

Ernæring: Kalorier 324, Fedt 12,3, Fiber 5, Kulhydrater 33,10, Protein 22,4

Kylling med ingefær artiskokker

Forberedelsestid: 10 minutter
Tilberedningstid: 30 minutter
Portioner: 4

Ingredienser:
- 2 kyllingebryst, uden skind, udbenet og halveret
- 1 spsk ingefær, revet
- 1 kop dåsetomater, uden salt tilsat, hakket
- 10 ounce artiskokker på dåse, uden salt tilsat, drænet og delt i kvarte
- 2 spsk citronsaft
- 2 spsk olivenolie
- En knivspids sort peber

Rutevejledning:
1. Varm en pande op med olien over middel varme, tilsæt ingefær og artiskokker, vend rundt og kog i 5 minutter.
2. Tilsæt kyllingen og steg yderligere 5 minutter.
3. Tilsæt de resterende ingredienser, bring det i kog og kog i yderligere 20 minutter.
4. Fordel det hele på tallerkener og server.

Ernæring: Kalorier 300, fedt 14,5, fibre 5,3, kulhydrater 16,4, protein 15,1

Blanding af kalkun og pebernødder

Forberedelsestid: 10 minutter
Tilberedningstid: 30 minutter
Portioner: 4

Ingredienser:
- ½ spsk sorte peberkorn
- 1 spsk olivenolie
- 1 pund kalkunbryst, uden hud, uden ben og i tern
- 1 kop lav natrium kylling bouillon
- 3 fed hvidløg, hakket
- 2 tomater, i tern
- En knivspids sort peber
- 2 spsk grønne løg, hakket

Rutevejledning:
1. Varm en pande op med olien ved middel varme, tilsæt hvidløg og kalkun og steg i 5 minutter.
2. Tilsæt pebernødder og de resterende ingredienser, bring det i kog og lad det simre ved middel varme i 25 minutter.
3. Fordel blandingen mellem tallerkener og server.

Ernæring: Kalorier 313, Fedt 13,3, Fiber 7, Kulhydrater 23,4, Protein 16

Kyllingelår og rosmaringrøntsager

Forberedelsestid: 10 minutter
Tilberedningstid: 40 minutter
Portioner: 4

Ingredienser:
- 2 pund kyllingebryst, uden skind, udbenet og i tern
- 1 gulerod i tern
- 1 stangselleri, hakket
- 1 tomat, i tern
- 2 små rødløg, skåret i skiver
- 1 zucchini i tern
- 2 fed hvidløg, hakket
- 1 spsk rosmarin, hakket
- 2 spsk olivenolie
- Sort peber efter smag
- ½ kop grøntsagsbouillon med lavt natriumindhold

Rutevejledning:
1. Varm en pande op med olien ved middel varme, tilsæt løg og hvidløg, rør rundt og svits i 5 minutter.
2. Tilsæt kyllingen, rør rundt og sauter i yderligere 5 minutter.
3. Tilsæt gulerod og andre ingredienser, rør rundt, bring det i kog og kog ved middel varme i 30 minutter.
4. Fordel blandingen mellem tallerkener og server.

Ernæring: Kalorier 325, fedt 22,5, fibre 6,1, kulhydrater 15,5, protein 33,2

Kylling med gulerødder og kål

Forberedelsestid: 10 minutter
Tilberedningstid: 25 minutter
Portioner: 4

Ingredienser:
- 1 pund kyllingebryst, uden skind, udbenet og i tern
- 2 spsk olivenolie
- 2 gulerødder, skrællet og revet
- 1 tsk sød paprika
- ½ kop grøntsagsbouillon med lavt natriumindhold
- 1 rødkålshoved, revet
- 1 gult løg, hakket
- Sort peber efter smag

Rutevejledning:
1. Varm en pande op med olien ved middel varme, tilsæt løget, rør rundt og steg i 5 minutter.
2. Tilsæt kødet og svits i yderligere 5 minutter.
3. Tilsæt gulerødder og andre ingredienser, rør rundt, bring det i kog og kog ved middel varme i 15 minutter.
4. Fordel det hele på tallerkener og server.

Ernæring: Kalorier 370, Fedt 22,2, Fiber 5,2, Kulhydrater 44,2, Protein 24,2

Aubergine og kalkun sandwich

Forberedelsestid: 10 minutter
Tilberedningstid: 25 minutter
Portioner: 4

Ingredienser:
- 1 kalkunbryst, uden skind, uden ben og skåret i 4 stykker
- 1 aubergine, skåret i 4 skiver
- Sort peber efter smag
- 1 spsk olivenolie
- 1 spsk oregano, hakket
- ½ kop lav natrium tomatsauce
- ½ kop fedtfattig cheddarost, revet
- 4 skiver fuldkornsbrød

Rutevejledning:
1. Varm en grill op over middel varme, tilsæt kalkunskiverne, dryp med halvdelen af olien, drys sort peber over toppen, grill i 8 minutter på hver side og kom over på en tallerken.
2. Anret aubergineskiverne på den forvarmede grill, dryp den resterende olie over dem, krydr også med sort peber, steg i 4 minutter på hver side og læg dem også på tallerkenen med kalkunskiverne.
3. Arranger 2 skiver brød på en bordplade, fordel ost ovenpå, læg aubergine- og kalkunskiver ovenpå, drys med oregano, dryp sauce over og top med de 2 andre skiver brød.
4. Fordel sandwichene mellem tallerkener og server.

Ernæring: Kalorier 280, Fedt 12,2, Fiber 6, Kulhydrater 14, Protein 12

Nem Tyrkiet og Zucchini Tortillas

Forberedelsestid: 10 minutter
Tilberedningstid: 20 minutter
Portioner: 4

Ingredienser:
- 4 fuldkornstortillas
- ½ kop fedtfri yoghurt
- 1 pund kalkun, bryst, uden hud, udbenet og skåret i strimler
- 1 spsk olivenolie
- 1 rødløg, skåret i skiver
- 1 zucchini i tern
- 2 tomater, i tern
- Sort peber efter smag

Rutevejledning:
1. Varm en pande op med olien ved middel varme, tilsæt løget, rør rundt og steg i 5 minutter.
2. Tilsæt zucchini og tomater, rør rundt og kog i yderligere 2 minutter.
3. Tilsæt kalkunen, vend rundt og kog i yderligere 13 minutter.
4. Fordel yoghurten på hver tortilla, tilsæt kalkun-zucchiniblandingen, rul, overfør til tallerkener og server.

Ernæring: Kalorier 290, fedt 13,4, fibre 3,42, kulhydrater 12,5, protein 6,9

Kylling med peberfrugt og auberginepande

Forberedelsestid: 10 minutter
Tilberedningstid: 25 minutter
Portioner: 4

Ingredienser:
- 2 kyllingebryst, uden skind, udbenet og i tern
- 1 rødløg, hakket
- 2 spsk olivenolie
- 1 aubergine i tern
- 1 rød peberfrugt, skåret i tern
- 1 gul peberfrugt, skåret i tern
- Sort peber efter smag
- 2 kopper kokosmælk

Rutevejledning:
4. Varm en pande op med olien ved middel varme, tilsæt løget, rør rundt og steg i 3 minutter.
5. Tilsæt peberfrugten, rør rundt og kog i yderligere 2 minutter.
6. Tilsæt kyllingen og andre ingredienser, rør rundt, bring det i kog og kog over medium varme i yderligere 20 minutter.
7. Fordel det hele på tallerkener og server.

Ernæring: Kalorier 310, Fedt 14,7, Fiber 4, Kulhydrater 14,5, Protein 12,6

Balsamico bagt kalkun

Forberedelsestid: 10 minutter
Tilberedningstid: 40 minutter
Portioner: 4

Ingredienser:
- 1 stort kalkunbryst, uden skind, uden ben og i skiver
- 2 spsk balsamicoeddike
- 1 spsk olivenolie
- 2 fed hvidløg, hakket
- 1 spsk italiensk krydderi
- Sort peber efter smag
- 1 spsk koriander, hakket

Rutevejledning:
1. Bland kalkunen i en bageform med eddike, olie og andre ingredienser, vend den, sæt den i ovnen ved 400 grader F og bag den i 40 minutter.
2. Fordel det hele på tallerkener og server med en sidesalat.

Ernæring: Kalorier 280, Fedt 12,7, Fiber 3, Kulhydrater 22,1, Protein 14

Cheddar kalkun blanding

Forberedelsestid: 10 minutter
Tilberedningstid: 1 time
Portioner: 4

Ingredienser:
- 1 pund kalkunbryst, uden hud, udbenet og skåret i skiver
- 2 spsk olivenolie
- 1 kop dåsetomater, uden salt tilsat, hakket
- Sort peber efter smag
- 1 kop fedtfri cheddarost, revet
- 2 spsk persille, hakket

Rutevejledning:
1. Smør en bradepande med olie, læg kalkunskiverne i gryden, fordel tomaterne ovenpå, krydr med sort peber, drys ost og persille ovenpå, sæt i ovnen ved 200 grader F og bag i 1 time.
2. Fordel det hele på tallerkener og server.

Ernæring: Kalorier 350, Fedt 13,1, Fiber 4, Kulhydrater 32,4, Protein 14,65

Parmesan kalkun

Forberedelsestid: 10 minutter
Tilberedningstid: 23 minutter
Portioner: 4

Ingredienser:
- 1 pund kalkunbryst, uden hud, uden ben og i tern
- 1 spsk olivenolie
- ½ kop fedtfattig parmesan, revet
- 2 skalotteløg, hakket
- 1 kop kokosmælk
- Sort peber efter smag

Rutevejledning:
1. Varm en pande op med olien over middel varme, tilsæt skalotteløg, vend rundt og steg i 5 minutter.
2. Tilsæt kød, kokosmælk og sort peber, rør rundt og kog over medium varme i yderligere 15 minutter.
3. Tilsæt parmesan, kog i 2-3 minutter, fordel det hele på tallerkener og server.

Ernæring: Kalorier 320, Fedt 11,4, Fiber 3,5, Kulhydrater 14,3, Protein 11,3

Cremet blanding af kylling og rejer

Forberedelsestid: 10 minutter
Tilberedningstid: 14 minutter
Portioner: 4

Ingredienser:
- 1 spsk olivenolie
- 1 pund kyllingebryst, uden skind, udbenet og i tern
- ¼ kop lavnatrium kyllingebouillon
- 1 pund rejer, pillet og deveiret
- ½ kop kokosfløde
- 1 spsk koriander, hakket

Rutevejledning:
1. Varm en pande op med olien over middel varme, tilsæt kyllingen, vend rundt og steg i 8 minutter.
2. Tilsæt rejer og de øvrige ingredienser, vend rundt, kog i yderligere 6 minutter, del i skåle og server.

Ernæring: Kalorier 370, fedt 12,3, fibre 5,2, kulhydrater 12,6, protein 8

Blanding af basilikum kalkun og krydrede asparges

Forberedelsestid: 10 minutter
Tilberedningstid: 40 minutter
Portioner: 4

Ingredienser:
- 1 pund kalkunbryst, uden skind og skåret i strimler
- 1 kop kokosfløde
- 1 kop lav natrium kylling bouillon
- 2 spsk persille, hakket
- 1 bundt asparges, renset og halveret
- 1 tsk chilipulver
- 2 spsk olivenolie
- En knivspids havsalt og sort peber

Rutevejledning:
1. Varm en pande op med olien over middel varme, tilsæt kalkun og lidt sort peber, rør rundt og kog i 5 minutter.
2. Tilsæt asparges, chilipulver og de øvrige ingredienser, rør rundt, bring det i kog og kog ved middel varme i yderligere 30 minutter.
3. Fordel det hele på tallerkener og server.

Ernæring: Kalorier 290, fedt 12,10, fibre 4,6, kulhydrater 12,7, protein 24

Cashew kalkun medley

Forberedelsestid: 10 minutter
Tilberedningstid: 40 minutter
Portioner: 4

Ingredienser:
- 1 pund kalkunbryst, uden hud, uden ben og i tern
- 1 kop cashewnødder, hakkede
- 1 gult løg, hakket
- ½ spsk olivenolie
- Sort peber efter smag
- ½ tsk sød paprika
- 2 og ½ spsk cashewsmør
- ¼ kop lavnatrium kyllingebouillon
- 1 spsk koriander, hakket

Rutevejledning:
1. Varm en pande op med olien ved middel varme, tilsæt løget, rør rundt og steg i 5 minutter.
2. Tilsæt kødet og svits i yderligere 5 minutter.
3. Tilsæt de resterende ingredienser, rør rundt, bring det i kog og kog over medium varme i 30 minutter.
4. Fordel hele blandingen på tallerkener og server.

Ernæring: Kalorier 352, fedt 12,7, fibre 6,2, kulhydrater 33,2, protein 13,5

Kalkun og bær

Forberedelsestid: 10 minutter
Tilberedningstid: 35 minutter
Portioner: 4

Ingredienser:
- 2 pund kalkunbryst, uden hud, uden ben og i tern
- 1 spsk olivenolie
- 1 rødløg, hakket
- 1 kop tranebær
- 1 kop lav natrium kylling bouillon
- ¼ kop koriander, hakket
- Sort peber efter smag

Rutevejledning:
1. Varm en pande op med olien ved middel varme, tilsæt løget, rør rundt og steg i 5 minutter.
2. Tilsæt kød, bær og de øvrige ingredienser, bring det i kog og kog ved middel varme i yderligere 30 minutter.
3. Fordel blandingen mellem tallerkener og server.

Ernæring: Kalorier 293, fedt 7,3, fibre 2,8, kulhydrater 14,7, protein 39,3

Fem krydderier kyllingebryst

Forberedelsestid: 5 minutter
Tilberedningstid: 35 minutter
Portioner: 4

Ingredienser:
- 1 kop tomater, knuste
- 1 tsk five spice
- 2 kyllingebrysthalvdele, uden skind, udbenet og halveret
- 1 spsk avocadoolie
- 2 spsk kokosnødde aminosyrer
- Sort peber efter smag
- 1 spsk paprika
- 1 spsk koriander, hakket

Rutevejledning:
1. Varm en pande op med olien ved middel varme, tilsæt kødet og steg i 2 minutter på hver side.
2. Tilsæt tomaterne, five spice og de øvrige ingredienser, bring det i kog og kog ved middel varme i 30 minutter.
3. Fordel hele blandingen på tallerkener og server.

Ernæring: Kalorier 244, Fedt 8,4, Fiber 1,1, Kulhydrater 4,5, Protein 31

Kalkun med krydret grønt

Forberedelsestid: 10 minutter
Tilberedningstid: 17 minutter
Portioner: 4

Ingredienser:
- 1 pund kalkunbryst, udbenet, uden skind og i tern
- 1 kop sennepsgrønt
- 1 tsk stødt muskatnød
- 1 tsk allehånde, stødt
- 1 gult løg, hakket
- Sort peber efter smag
- 1 spsk olivenolie

Rutevejledning:
1. Varm en pande op med olien ved middel varme, tilsæt løg og kød og steg i 5 minutter.
2. Tilsæt de resterende ingredienser, rør rundt, kog over medium varme i yderligere 12 minutter, fordel på tallerkener og server.

Ernæring: Kalorier 270, Fedt 8,4, Fiber 8,32, Kulhydrater 33,3, Protein 9

Kylling og chilisvampe

Forberedelsestid: 10 minutter
Tilberedningstid: 20 minutter
Portioner: 4

Ingredienser:
- 2 kyllingebryst, uden skind, udbenet og halveret
- ½ pund hvide svampe, halveret
- 1 spsk olivenolie
- 1 kop dåsetomater, uden salt tilsat, hakket
- 2 spsk mandler, hakkede
- 2 spsk olivenolie
- ½ tsk chiliflager
- Sort peber efter smag

Rutevejledning:
1. Varm en pande op med olien over middel varme, tilsæt svampene, vend rundt og steg i 5 minutter.
2. Tilsæt kødet, rør rundt og steg i yderligere 5 minutter.
3. Tilsæt tomater og andre ingredienser, bring det i kog og kog ved middel varme i 10 minutter.
4. Fordel blandingen mellem tallerkener og server.

Ernæring: Kalorier 320, Fedt 12,2, Fiber 5,3, Kulhydrater 33,3, Protein 15

Chili kylling og tomat artiskokker

Forberedelsestid: 10 minutter
Tilberedningstid: 20 minutter
Portioner: 4

Ingredienser:
- 2 røde chili, hakket
- 1 spsk olivenolie
- 1 gult løg, hakket
- 1 pund kyllingebryst, uden skind, udbenet og i tern
- 1 kop tomater, knuste
- 10 ounce artiskokhjerter på dåse, drænet og delt i kvarte
- Sort peber efter smag
- ½ kop lav natrium kylling bouillon
- 2 spsk limesaft

Rutevejledning:
1. Varm en pande op med olien over middel varme, tilsæt løg og chili, rør rundt og steg i 5 minutter.
2. Tilsæt kødet, rør rundt og steg i yderligere 5 minutter.
3. Tilsæt de resterende ingredienser, lad det simre ved middel varme og kog i 10 minutter.
4. Fordel blandingen mellem tallerkener og server.

Ernæring: Kalorier 280, Fedt 11,3, Fiber 5, Kulhydrater 14,5, Protein 13,5

Kylling og roe blanding

Forberedelsestid: 10 minutter
Tilberedningstid: 0 minutter
Portioner: 4

Ingredienser:
- 1 gulerod, revet
- 2 rødbeder, skrællet og revet
- ½ kop avocado mayonnaise
- 1 kop røget kyllingebryst, uden skind, udbenet, kogt og strimlet
- 1 tsk purløg, hakket

Rutevejledning:
1. Bland kyllingen med rødbederne og de øvrige ingredienser i en skål, vend og server med det samme.

Ernæring: Kalorier 288, Fedt 24,6, Fiber 1,4, Kulhydrater 6,5, Protein 14

Kalkun med sellerisalat

Forberedelsestid: 4 minutter
Tilberedningstid: 0 minutter
Portioner: 4

Ingredienser:
- 2 kopper kalkunbryst, uden hud, udbenet, kogt og strimlet
- 1 kop selleristænger, hakket
- 2 forårsløg, hakket
- 1 kop sorte oliven, udstenede og halveret
- 1 spsk olivenolie
- 1 tsk limesaft
- 1 kop fedtfri yoghurt

Rutevejledning:
1. Bland kalkunen med sellerien og de øvrige ingredienser i en skål, vend og server kold.

Ernæring: Kalorier 157, Fedt 8, Fiber 2, Kulhydrater 10,8, Protein 11,5

Bland kyllingelår og vindruer

Forberedelsestid: 10 minutter
Tilberedningstid: 40 minutter
Portioner: 4

Ingredienser:
- 1 gulerod i tern
- 1 gult løg, skåret i skiver
- 1 spsk olivenolie
- 1 kop tomater, i tern
- ¼ kop lavnatrium kyllingebouillon
- 2 fed hvidløg, hakket
- 1 pund kyllingelår, uden skind og ben
- 1 kop grønne druer
- Sort peber efter smag

Rutevejledning:
1. Smør en bradepande med olien, arranger kyllingelårene heri og kom de øvrige ingredienser ovenpå.
2. Bages ved 390 grader F i 40 minutter, overfør til tallerkener og server.

Ernæring: Kalorier 289, Fedt 12,1, Fiber 1,7, Kulhydrater 10,3, Protein 33,9

Kalkun og citronbyg

Forberedelsestid: 5 minutter
Tilberedningstid: 55 minutter
Portioner: 4

Ingredienser:
- 1 spsk olivenolie
- 1 kalkunbryst, uden skind, uden ben og i skiver
- Sort peber efter smag
- 2 selleristænger, hakket
- 1 rødløg, hakket
- 2 kopper lavt natrium kyllingebouillon
- ½ kop byg
- 1 tsk citronskal, revet
- 1 spsk citronsaft
- 1 spsk purløg, hakket

Rutevejledning:
1. Varm en pande op med olien over middel varme, tilsæt kød og løg, vend rundt og steg i 5 minutter.
2. Tilsæt selleri og andre ingredienser, rør rundt, bring det i kog, reducer varmen til medium, lad det simre i 50 minutter, del i skåle og server.

Ernæring: Kalorier 150, Fedt 4,5, Fiber 4,9, Kulhydrater 20,8, Protein 7,5

Kalkun med majroer og radiseblanding

Forberedelsestid: 10 minutter
Tilberedningstid: 35 minutter
Portioner: 4

Ingredienser:
- 1 kalkunbryst, uden skind, uden ben og i tern
- 2 rødbeder, skrællet og skåret i tern
- 1 kop radiser i tern
- 1 rødløg, hakket
- ¼ kop lavnatrium kyllingebouillon
- Sort peber efter smag
- 1 spsk olivenolie
- 2 spsk purløg, hakket

Rutevejledning:
1. Varm en pande op med olien over middel varme, tilsæt kød og løg, vend rundt og steg i 5 minutter.
2. Tilsæt rødbeder, radiser og de øvrige ingredienser, bring det i kog og kog ved middel varme i yderligere 30 minutter.
3. Fordel blandingen mellem tallerkener og server.

Ernæring: Kalorier 113, Fedt 4,4, Fiber 2,3, Kulhydrater 10,4, Protein 8,8

Hvidløgs svinekødsblanding

Forberedelsestid: 10 minutter
Tilberedningstid: 45 minutter
Portioner: 8

Ingredienser:
- 2 pund svinekød, udbenet og skåret i tern
- 1 rødløg, hakket
- 1 spsk olivenolie
- 3 fed hvidløg, hakket
- 1 kop oksebouillon med lavt natriumindhold
- 2 spsk sød paprika
- Sort peber efter smag
- 1 spsk purløg, hakket

Rutevejledning:
1. Varm en pande op med olien over middel varme, tilsæt løg og kød, vend rundt og steg i 5 minutter.
2. Tilsæt de resterende ingredienser, rør rundt, reducer varmen til medium, dæk til og kog i 40 minutter.
3. Fordel blandingen mellem tallerkener og server.

Ernæring: Kalorier 407, Fedt 35,4, Fiber 1, Kulhydrater 5, Protein 14,9

Paprika svinekød med gulerødder

Forberedelsestid: 10 minutter
Tilberedningstid: 30 minutter
Portioner: 4

Ingredienser:
- 1 pund svinekødgryde, skåret i tern
- ¼ kop grøntsagsbouillon med lavt natriumindhold
- 2 gulerødder, skrællet og skåret i skiver
- 2 spsk olivenolie
- 1 rødløg, skåret i skiver
- 2 tsk sød paprika
- Sort peber efter smag

Rutevejledning:
1. Varm en pande op med olien ved middel varme, tilsæt løget, rør rundt og steg i 5 minutter.
2. Tilsæt kødet, rør rundt og steg i yderligere 5 minutter.
3. Tilsæt de resterende ingredienser, bring det i kog og kog over medium varme i 20 minutter.
4. Fordel blandingen mellem tallerkener og server.

Ernæring: Kalorier 328, Fedt 18,1, Fiber 1,8, Kulhydrater 6,4, Protein 34

Ingefær svinekød og løg

Forberedelsestid: 10 minutter
Tilberedningstid: 35 minutter
Portioner: 4

Ingredienser:
- 2 rødløg, skåret i skiver
- 2 forårsløg, hakket
- 1 spsk olivenolie
- 2 tsk ingefær, revet
- 4 svinekoteletter
- 3 fed hvidløg, hakket
- Sort peber efter smag
- 1 gulerod, hakket
- 1 kop oksebouillon med lavt natriumindhold
- 2 spsk tomatpure
- 1 spsk koriander, hakket

Rutevejledning:
1. Varm en pande op med olien over middel varme, tilsæt de grønne og røde løg, vend og steg i 3 minutter.
2. Tilsæt hvidløg og ingefær, rør rundt og steg i yderligere 2 minutter.
3. Tilsæt svinekoteletterne og steg i 2 minutter på hver side.
4. Tilsæt de resterende ingredienser, bring det i kog og kog over medium varme i yderligere 25 minutter.
5. Fordel blandingen mellem tallerkener og server.

Ernæring: Kalorier 332, fedt 23,6, fibre 2,3, kulhydrater 10,1, protein 19,9

Kommen svinekød

Forberedelsestid: 10 minutter
Tilberedningstid: 45 minutter
Portioner: 4

Ingredienser:
- ½ kop oksebouillon med lavt natriumindhold
- 2 spsk olivenolie
- 2 pund svinegryderet, skåret i tern
- 1 tsk koriander, stødt
- 2 tsk spidskommen, stødt
- Sort peber efter smag
- 1 kop cherrytomater, halveret
- 4 fed hvidløg, hakket
- 1 spsk koriander, hakket

Rutevejledning:
1. Varm en pande op med olien over middel varme, tilsæt hvidløg og kød, vend rundt og steg i 5 minutter.
2. Tilsæt bouillon og andre ingredienser, bring det i kog og kog ved middel varme i 40 minutter.
3. Fordel det hele på tallerkener og server.

Ernæring: Kalorier 559, fedt 29,3, fibre 0,7, kulhydrater 3,2, protein 67,4

Svinekød og grøntsagsblanding

Forberedelsestid: 10 minutter
Tilberedningstid: 20 minutter
Portioner: 4

Ingredienser:
- 2 spsk balsamicoeddike
- 1/3 kop kokosnødde aminosyrer
- 1 spsk olivenolie
- 4 ounce blandet bladsalat
- 1 kop cherrytomater, halveret
- 4 ounce svinegryderet, skåret i strimler
- 1 spsk purløg, hakket

Rutevejledning:
1. Varm en pande op med olien over middel varme, tilsæt svinekød, aminosyrer og eddike, rør rundt og kog i 15 minutter.
2. Tilsæt salat og øvrige ingredienser, rør rundt, kog i yderligere 5 minutter, fordel på tallerkener og server.

Ernæring: Kalorier 125, fedt 6,4, fibre 0,6, kulhydrater 6,8, protein 9,1

Timian svinekød røre-fry

Forberedelsestid: 10 minutter
Tilberedningstid: 25 minutter
Portioner: 4

Ingredienser:
- 1 pund svinekød, trimmet og skåret i tern
- 1 spsk olivenolie
- 1 gult løg, hakket
- 3 fed hvidløg, hakket
- 1 spsk timian, tørret
- 1 kop lav natrium kylling bouillon
- 2 spiseskefulde tomatpasta med lavt natriumindhold
- 1 spsk koriander, hakket

Rutevejledning:
1. Varm en pande op med olien over middel varme, tilsæt løg og hvidløg, vend og steg i 5 minutter.
2. Tilsæt kødet, rør rundt og steg i yderligere 5 minutter.
3. Tilsæt de resterende ingredienser, rør rundt, bring det i kog, reducer varmen til medium og kog blandingen i yderligere 15 minutter.
4. Fordel blandingen mellem tallerkener og server med det samme.

Ernæring: Kalorier 281, Fedt 11,2, Fiber 1,4, Kulhydrater 6,8, Protein 37,1

Svinekødsmerian og zucchini

Forberedelsestid: 10 minutter
Tilberedningstid: 30 minutter
Portioner: 4

Ingredienser:
- 2 pund udbenet svinekam, trimmet og skåret i tern
- 2 spsk avocadoolie
- ¾ kop grøntsagsbouillon med lavt natriumindhold
- ½ spsk hvidløgspulver
- 1 spsk merian, hakket
- 2 zucchini i grove tern
- 1 tsk sød paprika
- Sort peber efter smag

Rutevejledning:
1. Varm en pande op med olien over middel varme, tilsæt kød, hvidløgspulver og merian, rør rundt og steg i 10 minutter.
2. Tilsæt zucchinien og de øvrige ingredienser, rør rundt, bring det i kog, reducer varmen til medium og kog blandingen i yderligere 20 minutter.
3. Fordel det hele på tallerkener og server.

Ernæring: Kalorier 359, Fedt 9,1, Fiber 2,1, Kulhydrater 5,7, Protein 61,4

Krydret svinekød

Forberedelsestid: 10 minutter
Tilberedningstid: 8 timer
Portioner: 4

Ingredienser:
- 3 spsk olivenolie
- 2 pund svinekød skuldersteg
- 2 tsk sød paprika
- 1 tsk hvidløgspulver
- 1 tsk løgpulver
- 1 tsk stødt muskatnød
- 1 tsk allehånde, stødt
- Sort peber efter smag
- 1 kop grøntsagsbouillon med lavt natriumindhold

Rutevejledning:
1. I din slowcooker kombinerer du stegen med olien og andre ingredienser, vend, læg låg på og kog ved lav temperatur i 8 timer.
2. Skær stegen i skiver, fordel på tallerkener og server overhældt med stegesaften.

Ernæring: Kalorier 689, Fedt 57,1, Fiber 1, Kulhydrater 3,2, Protein 38,8

Kokosflæsk og selleri

Forberedelsestid: 10 minutter
Tilberedningstid: 35 minutter
Portioner: 4

Ingredienser:
- 2 pund svinegryderet, skåret i tern
- 2 spsk olivenolie
- 1 kop grøntsagsbouillon med lavt natriumindhold
- 1 stangselleri, hakket
- 1 tsk sorte peberkorn
- 2 skalotteløg, hakket
- 1 spsk purløg, hakket
- 1 kop kokosfløde
- Sort peber efter smag

Rutevejledning:
1. Varm en pande op med olien over middel varme, tilsæt skalotteløg og kød, vend rundt og steg i 5 minutter.
2. Tilsæt selleri og andre ingredienser, rør rundt, bring det i kog og kog over medium varme i yderligere 30 minutter.
3. Fordel det hele på tallerkener og server med det samme.

Ernæring: Kalorier 690, fedt 43,3, fibre 1,8, kulhydrater 5,7, protein 6,2

Bland svinekød og tomater

Forberedelsestid: 10 minutter
Tilberedningstid: 30 minutter
Portioner: 4

Ingredienser:
- 2 fed hvidløg, hakket
- 2 pund svinegryderet, stødt
- 2 kopper cherrytomater, halveret
- 1 spsk olivenolie
- Sort peber efter smag
- 1 rødløg, hakket
- ½ kop grøntsagsbouillon med lavt natriumindhold
- 2 spiseskefulde tomatpasta med lavt natriumindhold
- 1 spsk persille, hakket

Rutevejledning:
1. Varm en pande op med olien over middel varme, tilsæt løg og hvidløg, vend rundt og sauter i 5 minutter.
2. Tilsæt kødet og svits i yderligere 5 minutter.
3. Tilsæt de resterende ingredienser, rør rundt, bring det i kog, kog over medium varme i yderligere 20 minutter, del i skåle og server.

Ernæring: Kalorier 558, fedt 25,6, fibre 2,4, kulhydrater 10,1, protein 68,7

Salvie svinekoteletter

Forberedelsestid: 10 minutter
Tilberedningstid: 35 minutter
Portioner: 4

Ingredienser:
- 4 svinekoteletter
- 2 spsk olivenolie
- 1 tsk røget paprika
- 1 spsk salvie, hakket
- 2 fed hvidløg, hakket
- 1 spsk citronsaft
- Sort peber efter smag

Rutevejledning:
1. I en bageform, smid svinekoteletterne med olien og andre ingredienser, smid dem, sæt dem i ovnen og bag dem ved 400 grader F i 35 minutter.
2. Fordel svinekoteletterne på tallerkener og server med en salat på siden.

Ernæring: Kalorier 263, Fedt 12,4, Fiber 6, Kulhydrater 22,2, Protein 16

Thai svinekød og aubergine

Forberedelsestid: 10 minutter
Tilberedningstid: 30 minutter
Portioner: 4

Ingredienser:
- 1 pund svinekødgryde, skåret i tern
- 1 aubergine i tern
- 1 spsk kokos aminosyrer
- 1 tsk five spice
- 2 fed hvidløg, hakket
- 2 thai chili, hakket
- 2 spsk olivenolie
- 2 spiseskefulde tomatpasta med lavt natriumindhold
- 1 spsk koriander, hakket
- ½ kop grøntsagsbouillon med lavt natriumindhold

Rutevejledning:
1. Varm en pande op med olien over middel varme, tilsæt hvidløg, chili og kød og steg i 6 minutter.
2. Tilsæt aubergine og andre ingredienser, bring det i kog og kog ved middel varme i 24 minutter.
3. Fordel blandingen mellem tallerkener og server.

Ernæring: Kalorier 320, Fedt 13,4, Fiber 5,2, Kulhydrater 22,8, Protein 14

Svinekød og limeløg

Forberedelsestid: 10 minutter
Tilberedningstid: 30 minutter
Portioner: 4

Ingredienser:
- 2 spsk limesaft
- 4 forårsløg, hakket
- 1 pund svinekødgryde, skåret i tern
- 2 fed hvidløg, hakket
- 2 spsk olivenolie
- Sort peber efter smag
- ½ kop grøntsagsbouillon med lavt natriumindhold
- 1 spsk koriander, hakket

Rutevejledning:
1. Varm en pande op med olien over middel varme, tilsæt forårsløg og hvidløg, vend og steg i 5 minutter.
2. Tilsæt kødet, rør rundt og steg i yderligere 5 minutter.
3. Tilsæt de resterende ingredienser, bring det i kog og kog over medium varme i 20 minutter.
4. Fordel blandingen mellem tallerkener og server.

Ernæring: Kalorier 273, Fedt 22,4, Fiber 5, Kulhydrater 12,5, Protein 18

Balsamico svinekød

Forberedelsestid: 10 minutter
Tilberedningstid: 30 minutter
Portioner: 4

Ingredienser:
- 1 rødløg, skåret i skiver
- 1 pund svinekødgryde, skåret i tern
- 2 røde chili, hakket
- 2 spsk balsamicoeddike
- ½ kop korianderblade, hakket
- Sort peber efter smag
- 2 spsk olivenolie
- 1 spsk tomatsauce med lavt natriumindhold

Rutevejledning:
1. Varm en pande op med olien over middel varme, tilsæt løg og chili, vend rundt og steg i 5 minutter.
2. Tilsæt kødet, rør rundt og steg i yderligere 5 minutter.
3. Tilsæt de resterende ingredienser, rør rundt, bring det i kog og kog over medium varme i yderligere 20 minutter.
4. Fordel det hele på tallerkener og server med det samme.

Ernæring: Kalorier 331, Fedt 13,3, Fiber 5, Kulhydrater 22,7, Protein 17

Pesto svinekød

Forberedelsestid: 10 minutter
Tilberedningstid: 36 minutter
Portioner: 4

Ingredienser:
- 2 spsk olivenolie
- 2 forårsløg, hakket
- 1 pund svinekoteletter
- 2 spsk basilikumpesto
- 1 kop cherrytomater i tern
- 2 spiseskefulde tomatpasta med lavt natriumindhold
- ½ kop persille, hakket
- ½ kop grøntsagsbouillon med lavt natriumindhold
- Sort peber efter smag

Rutevejledning:
1. Varm en pande op med olivenolien ved middel varme, tilsæt grønne løg og svinekoteletter og steg i 3 minutter på hver side.
2. Tilsæt pesto og andre ingredienser, vend forsigtigt rundt, bring det i kog og kog over medium varme i yderligere 30 minutter.
3. Fordel det hele på tallerkener og server.

Ernæring: Kalorier 293, Fedt 11,3, Fiber 4,2, Kulhydrater 22,2, Protein 14

Svinekød og persillepeber

Forberedelsestid: 10 minutter
Tilberedningstid: 1 time
Portioner: 4

Ingredienser:
- 1 grøn peberfrugt, hakket
- 1 rød peberfrugt, hakket
- 1 gul peberfrugt, hakket
- 1 rødløg, hakket
- 1 pund svinekoteletter
- 1 spsk olivenolie
- Sort peber efter smag
- 26 ounce dåsetomater, intet salt tilsat og hakket
- 2 spsk persille, hakket

Rutevejledning:
1. Smør en bradepande med olien, læg svinekoteletterne heri og kom de øvrige ingredienser ovenpå.
2. Bages ved 390 grader F i 1 time, overfør alt til tallerkener og server.

Ernæring: Kalorier 284, Fedt 11,6, Fiber 2,6, Kulhydrater 22,2, Protein 14

Spidskommen og lammeblanding

Forberedelsestid: 10 minutter
Tilberedningstid: 25 minutter
Portioner: 4

Ingredienser:
- 1 spsk olivenolie
- 1 rødløg, hakket
- 1 kop cherrytomater, halveret
- 1 pund lammegryderet kød, stødt
- 1 spsk chilipulver
- Sort peber efter smag
- 2 tsk spidskommen, stødt
- 1 kop grøntsagsbouillon med lavt natriumindhold
- 2 spsk koriander, hakket

Rutevejledning:
1. Varm en pande op med olien over middel varme, tilsæt løg, lam og chilipulver, vend rundt og steg i 10 minutter.
2. Tilsæt de resterende ingredienser, rør rundt og kog over medium varme i yderligere 15 minutter.
3. Fordel i skåle og server.

Ernæring: Kalorier 320, Fedt 12,7, Fiber 6, Kulhydrater 14,3, Protein 22

Svinekød med radiser og grønne bønner

Forberedelsestid: 10 minutter
Tilberedningstid: 35 minutter
Portioner: 4

Ingredienser:
- 1 pund svinekødgryde, skåret i tern
- 1 kop radiser i tern
- ½ pund grønne bønner, trimmet og halveret
- 1 gult løg, hakket
- 1 spsk olivenolie
- 2 fed hvidløg, hakket
- 1 kop dåsetomater, usaltede og hakkede
- 2 tsk oregano, tørret
- Sort peber efter smag

Rutevejledning:
1. Varm en pande op med olien over middel varme, tilsæt løg og hvidløg, vend og steg i 5 minutter.
2. Tilsæt kødet, rør rundt og steg i yderligere 5 minutter.
3. Tilsæt de resterende ingredienser, bring det i kog og kog over medium varme i 25 minutter.
4. Fordel det hele i skåle og server.

Ernæring: Kalorier 289, Fedt 12, Fiber 8, Kulhydrater 13,2, Protein 20

Fennikellam og svampe

Forberedelsestid: 10 minutter
Tilberedningstid: 40 minutter
Portioner: 4

Ingredienser:
- 1 pund lammeskulder, udbenet og skåret i tern
- 8 hvide svampe, halveret
- 2 spsk olivenolie
- 1 gult løg, hakket
- 2 fed hvidløg, hakket
- 1 en ½ spsk fennikelpulver
- Sort peber efter smag
- Et bundt forårsløg, hakket
- 1 kop grøntsagsbouillon med lavt natriumindhold

Rutevejledning:
1. Varm en pande op med olien over middel varme, tilsæt løg og hvidløg, vend rundt og sauter i 5 minutter.
2. Tilsæt kød og svampe, rør rundt og steg i yderligere 5 minutter.
3. Tilsæt de øvrige ingredienser, rør rundt, bring det i kog og kog ved middel varme i 30 minutter.
4. Fordel blandingen mellem skåle og server.

Ernæring: Kalorier 290, Fedt 15,3, Fiber 7, Kulhydrater 14,9, Protein 14

Svinekød og spinat røre

Forberedelsestid: 10 minutter
Tilberedningstid: 30 minutter
Portioner: 4

Ingredienser:
- 1 pund svinekød, stødt
- 2 spsk olivenolie
- 1 rødløg, hakket
- ½ pund babyspinat
- 4 fed hvidløg, hakket
- ½ kop grøntsagsbouillon med lavt natriumindhold
- ½ kop dåsetomater, uden tilsat salt, hakket
- Sort peber efter smag
- 1 spsk purløg, hakket

Rutevejledning:
1. Varm en pande op med olien over middel varme, tilsæt løg og hvidløg, vend og steg i 5 minutter.
2. Tilsæt kødet, rør rundt og steg i yderligere 5 minutter.
3. Tilsæt de resterende ingredienser undtagen spinaten, rør rundt, bring det i kog, reducer varmen til medium og kog i 15 minutter.
4. Tilsæt spinaten, vend rundt, kog blandingen i yderligere 5 minutter, del det hele i skåle og server.

Ernæring: Kalorier 270, Fedt 12, Fiber 6, Kulhydrater 22,2, Protein 23

Svinekød med avocado

Forberedelsestid: 10 minutter
Tilberedningstid: 15 minutter
Portioner: 4

Ingredienser:
- 2 kopper babyspinat
- 1 pund svinebøf, skåret i strimler
- 1 spsk olivenolie
- 1 kop cherrytomater, halveret
- 2 avocadoer, skrællet, udstenet og skåret i tern
- 1 spsk balsamicoeddike
- ½ kop grøntsagsbouillon med lavt natriumindhold

Rutevejledning:
1. Varm en pande op med olien over middel varme, tilsæt kødet, vend rundt og steg i 10 minutter.
2. Tilsæt spinat og øvrige ingredienser, rør rundt, kog i yderligere 5 minutter, del i skåle og server.

Ernæring: Kalorier 390, Fedt 12,5, Fiber 4, Kulhydrater 16,8, Protein 13,5

Svinekød og æbleblanding

Forberedelsestid: 10 minutter
Tilberedningstid: 40 minutter
Portioner: 4

Ingredienser:
- 2 pund svinegryde, skåret i strimler
- 2 grønne æbler, udkernede og skåret i tern
- 2 fed hvidløg, hakket
- 2 skalotteløg, hakket
- 1 spsk sød paprika
- ½ tsk chilipulver
- 2 spsk avocadoolie
- 1 kop lav natrium kylling bouillon
- Sort peber efter smag
- En knivspids røde chiliflager

Rutevejledning:
1. Varm en pande op med olien over middel varme, tilsæt skalotteløg og hvidløg, vend rundt og sauter i 5 minutter.
2. Tilsæt kødet og steg i yderligere 5 minutter.
3. Tilsæt æbler og andre ingredienser, rør rundt, bring det i kog og kog over medium varme i yderligere 30 minutter.
4. Fordel det hele på tallerkener og server.

Ernæring: Kalorier 365, Fedt 7, Fiber 6, Kulhydrater 15,6, Protein 32,4

Kanel svinekoteletter

Forberedelsestid: 10 minutter
Madlavningstid: 1 time og 10 minutter
Portioner: 4

Ingredienser:
- 4 svinekoteletter
- 2 spsk olivenolie
- 2 fed hvidløg, hakket
- ¼ kop grøntsagsbouillon med lavt natriumindhold
- 1 spsk kanelpulver
- Sort peber efter smag
- 1 tsk chilipulver
- ½ tsk løgpulver

Rutevejledning:
1. I en stegepande, smid svinekoteletterne med olien og andre ingredienser, smid dem, sæt dem i ovnen og bag dem ved 390 grader F i 1 time og 10 minutter.
2. Fordel svinekoteletterne på tallerkener og server med en salat på siden.

Ernæring: Kalorier 288, Fedt 5,5, Fiber 6, Kulhydrater 12,7, Protein 23

Kokossvinekoteletter

Forberedelsestid: 10 minutter
Tilberedningstid: 20 minutter
Portioner: 4

Ingredienser:
- 2 spsk olivenolie
- 4 svinekoteletter
- 1 gult løg, hakket
- 1 spsk chilipulver
- 1 kop kokosmælk
- ¼ kop koriander, hakket

Rutevejledning:
1. Varm en pande op med olien over middel varme, tilsæt løg og chilipulver, vend rundt og steg i 5 minutter.
2. Tilsæt svinekoteletterne og svits i 2 minutter på hver side.
3. Tilsæt kokosmælken, rør rundt, bring det i kog og kog over medium varme i yderligere 11 minutter.
4. Tilsæt koriander, vend rundt, del det hele i skåle og server.

Ernæring: Kalorier 310, Fedt 8, Fiber 6, Kulhydrater 16,7, Protein 22,1

Svinekød med ferskenblanding

Forberedelsestid: 10 minutter
Tilberedningstid: 25 minutter
Portioner: 4

Ingredienser:
- 2 pund svinemørbrad, groft skåret i tern
- 2 ferskner, udstenede og skåret i kvarte
- ¼ teskefuld løgpulver
- 2 spsk olivenolie
- ¼ tsk røget paprikapulver
- ¼ kop grøntsagsbouillon med lavt natriumindhold
- Sort peber efter smag

Rutevejledning:
1. Varm en pande op med olien over middel varme, tilsæt kødet, rør rundt og steg i 10 minutter.
2. Tilsæt ferskerne og andre ingredienser, rør rundt, bring det i kog og kog over medium varme i yderligere 15 minutter.
3. Fordel hele blandingen på tallerkener og server.

Ernæring: Kalorier 290, Fedt 11,8, Fiber 5,4, Kulhydrater 13,7, Protein 24

Kakao lam og radiser

Forberedelsestid: 10 minutter
Tilberedningstid: 35 minutter
Portioner: 4

Ingredienser:
- ½ kop grøntsagsbouillon med lavt natriumindhold
- 1 pund lammegryderet kød i tern
- 1 kop radiser i tern
- 1 spsk kakaopulver
- Sort peber efter smag
- 1 gult løg, hakket
- 1 spsk olivenolie
- 2 fed hvidløg, hakket
- 1 spsk persille, hakket

Rutevejledning:
1. Varm en pande op med olien over middel varme, tilsæt løg og hvidløg, vend og steg i 5 minutter.
2. Tilsæt kødet, vend og steg i 2 minutter på hver side.
3. Tilsæt bouillon og andre ingredienser, rør rundt, bring det i kog og kog over medium varme i yderligere 25 minutter.
4. Fordel det hele på tallerkener og server.

Ernæring: Kalorier 340, Fedt 12,4, Fiber 9,3, Kulhydrater 33,14, Protein 20

Citronflæsk og artiskokker

Forberedelsestid: 10 minutter
Tilberedningstid: 25 minutter
Portioner: 4

Ingredienser:
- 2 pund svinegryde, skåret i strimler
- 2 spsk avocadoolie
- 1 spsk citronsaft
- 1 spsk citronskal, revet
- 1 kop dåse artiskokker, drænet og skåret i kvarte
- 1 rødløg, hakket
- 2 fed hvidløg, hakket
- ½ tsk chilipulver
- Sort peber efter smag
- 1 tsk sød paprika
- 1 jalapeño, hakket
- ¼ kop grøntsagsbouillon med lavt natriumindhold
- ¼ kop rosmarin, hakket

Rutevejledning:
1. Varm en pande op med olien over middel varme, tilsæt løg og hvidløg, vend og steg i 4 minutter.
2. Tilsæt kød, artiskokker, chilipulver, jalapenos og peberfrugt, rør rundt og kog i yderligere 6 minutter.
3. Tilsæt de resterende ingredienser, rør rundt, bring det i kog og kog over medium varme i yderligere 15 minutter.
4. Fordel det hele i skåle og server.

Ernæring: Kalorier 350, Fedt 12, Fiber 4,3, Kulhydrater 35,7, Protein 14,5

Svinekød med koriandersauce

Forberedelsestid: 10 minutter
Tilberedningstid: 20 minutter
Portioner: 4

Ingredienser:
- 2 pund svinegryde, groft skåret i tern
- 1 kop korianderblade
- 4 spsk olivenolie
- 1 spsk pinjekerner
- 1 spsk fedtfri parmesan, revet
- 1 spsk citronsaft
- 1 tsk chilipulver
- Sort peber efter smag

Rutevejledning:
1. I en blender blandes korianderen med pinjekernerne, 3 spsk olie, parmesan og citronsaft og pureres godt.
2. Varm en pande op med den resterende olie ved middel varme, tilsæt kød, chilipulver og sort peber, vend rundt og steg i 5 minutter.
3. Tilsæt koriandersaucen og kog over medium varme i yderligere 15 minutter, mens der røres af og til.
4. Fordel svinekødet mellem tallerkenerne og server med det samme.

Ernæring: Kalorier 270, Fedt 6,6, Fiber 7, Kulhydrater 12,6, Protein 22,4

Svinekød med mangoblanding

Forberedelsestid: 10 minutter
Tilberedningstid: 25 minutter
Portioner: 4

Ingredienser:
- 2 skalotteløg, hakket
- 2 spsk avocadoolie
- 1 pund svinekødgryde, skåret i tern
- 1 mango, skrællet og skåret i grove tern
- 2 fed hvidløg, hakket
- 1 kop tomater og hakkede
- Sort peber efter smag
- ½ kop basilikum, hakket

Rutevejledning:
1. Varm en pande op med olien over middel varme, tilsæt skalotteløg og hvidløg, vend rundt og sauter i 5 minutter.
2. Tilsæt kødet, rør rundt og steg i yderligere 5 minutter.
3. Tilsæt de resterende ingredienser, rør rundt, bring det i kog og kog over medium varme i yderligere 15 minutter.
4. Fordel blandingen mellem skåle og server.

Ernæring: Kalorier 361, Fedt 11, Fiber 5.1, Kulhydrater 16.8, Protein 22

Rosmarin svinekød og citronsøde kartofler

Forberedelsestid: 10 minutter
Tilberedningstid: 35 minutter
Portioner: 4

Ingredienser:
- 1 rødløg, skåret i tern
- 2 søde kartofler, skrællet og skåret i tern
- 4 svinekoteletter
- 1 spsk rosmarin, hakket
- 1 spsk citronsaft
- 2 tsk olivenolie
- Sort peber efter smag
- 2 tsk timian, hakket
- ½ kop grøntsagsbouillon med lavt natriumindhold

Rutevejledning:
1. Kombiner svinekoteletterne i en stegepande med kartoflerne, løgene og andre ingredienser og vend forsigtigt.
2. Bages ved 400 grader F i 35 minutter, overfør alt til tallerkener og server.

Ernæring: Kalorier 410, fedt 14,7, fibre 14,2, kulhydrater 15,3, protein 33,4

Svinekød med kikærter

Forberedelsestid: 10 minutter
Tilberedningstid: 25 minutter
Portioner: 4

Ingredienser:
- 1 pund svinekødgryde, skåret i tern
- 1 kop dåse kikærter, uden salt tilsat, drænet
- 1 gult løg, hakket
- 1 spsk olivenolie
- Sort peber efter smag
- 10 ounce dåsetomater, uden salt tilsat og hakket
- 2 spsk koriander, hakket

Rutevejledning:
1. Varm en pande op med olien over middel varme, tilsæt løget, vend og steg i 5 minutter.
2. Tilsæt kødet, rør rundt og steg i yderligere 5 minutter.
3. Tilsæt de resterende ingredienser, rør sammen, lad det simre ved middel varme i 15 minutter, del det hele i skåle og server.

Ernæring: Kalorier 476, fedt 17,6, fibre 10,2, kulhydrater 35,7, protein 43,8

Lammekoteletter med grønkål

Forberedelsestid: 10 minutter
Tilberedningstid: 35 minutter
Portioner: 4

Ingredienser:
- 1 kop grønkål, revet
- 1 pund lammekoteletter
- ½ kop grøntsagsbouillon med lavt natriumindhold
- 2 spiseskefulde tomatpasta med lavt natriumindhold
- 1 gult løg, skåret i skiver
- 1 spsk olivenolie
- En knivspids sort peber

Rutevejledning:
1. Smør en bradepande med olien, anret lammekoteletterne heri, tilsæt grønkål og de øvrige ingredienser og vend forsigtigt rundt.
2. Bag alt ved 390 grader F i 35 minutter, overfør til tallerkener og server.

Ernæring: Kalorier 275, fedt 11,8, fibre 1,4, kulhydrater 7,3, protein 33,6

Chili lam

Forberedelsestid: 10 minutter
Tilberedningstid: 45 minutter
Portioner: 4

Ingredienser:
- 2 pund lammegryderet kød i tern
- 1 spsk avocadoolie
- 1 tsk chilipulver
- 1 tsk varmt paprikapulver
- 2 rødløg, groft hakket
- 1 kop grøntsagsbouillon med lavt natriumindhold
- ½ kop lav natrium tomatsauce
- 1 spsk koriander, hakket

Rutevejledning:
1. Varm en pande op med olien ved middel varme, tilsæt løg og kød og steg i 10 minutter.
2. Tilsæt chilipulveret og de øvrige ingredienser undtagen korianderen, rør rundt, bring det i kog og kog over medium varme i yderligere 35 minutter.
3. Fordel blandingen i skåle og server drysset med koriander.

Ernæring: Kalorier 463, fedt 17,3, fibre 2,3, kulhydrater 8,4, protein 65,1

Svinekød med peberfrugt og porrer

Forberedelsestid: 10 minutter
Tilberedningstid: 45 minutter
Portioner: 4

Ingredienser:
- 2 pund svinegryde, groft skåret i tern
- 2 porrer, skåret i skiver
- 2 spsk olivenolie
- 2 fed hvidløg, hakket
- 1 tsk sød paprika
- 1 spsk persille, hakket
- 1 kop grøntsagsbouillon med lavt natriumindhold
- Sort peber efter smag

Rutevejledning:
1. Varm en pande op med olien over middel varme, tilsæt porre, hvidløg og peber, rør rundt og steg i 10 minutter.
2. Tilsæt kødet og svits i yderligere 5 minutter.
3. Tilsæt de resterende ingredienser, vend rundt, lad det simre ved middel varme i 30 minutter, del det hele i skåle og server.

Ernæring: Kalorier 577, Fedt 29,1, Fiber 1,3, Kulhydrater 8,2, Protein 67,5

Svinekoteletter og sneærter

Forberedelsestid: 10 minutter
Tilberedningstid: 25 minutter
Portioner: 4

Ingredienser:
- 4 svinekoteletter
- 2 spsk olivenolie
- 2 skalotteløg, hakket
- 1 kop sneærter
- 1 kop grøntsagsbouillon med lavt natriumindhold
- 2 spsk tomatpure uden tilsat salt
- 1 spsk persille, hakket

Rutevejledning:
1. Varm en pande op med olien over middel varme, tilsæt skalotteløg, rør rundt og sauter i 5 minutter.
2. Tilsæt svinekoteletterne og brun i 2 minutter på hver side.
3. Tilsæt de resterende ingredienser, bring det i kog og kog ved middel varme i 15 minutter.
4. Fordel blandingen mellem tallerkener og server.

Ernæring: Kalorier 357, Fedt 27, Fiber 1,9, Kulhydrater 7,7, Protein 20,7

Svinekød og myntemajs

Forberedelsestid: 10 minutter
Tilberedningstid: 1 time
Portioner: 4

Ingredienser:
- 4 svinekoteletter
- 1 kop grøntsagsbouillon med lavt natriumindhold
- 1 kop majs
- 1 spsk mynte, hakket
- 1 tsk sød paprika
- Sort peber efter smag
- 1 spsk olivenolie

Rutevejledning:
1. Læg svinekoteletterne i en bradepande, tilsæt de resterende ingredienser, vend dem, sæt dem i ovnen og bag dem ved 380 grader F i 1 time.
2. Fordel det hele på tallerkener og server.

Ernæring: Kalorier 356, Fedt 14, Fiber 5,4, Kulhydrater 11,0, Protein 1

dild lam

Forberedelsestid: 10 minutter
Tilberedningstid: 25 minutter
Portioner: 4

Ingredienser:
- Saft af 2 limefrugter
- 1 spsk limeskal, revet
- 1 spsk dild, hakket
- 2 fed hvidløg, hakket
- 2 spsk olivenolie
- 2 pund lam, skåret i tern
- 1 kop koriander, hakket
- Sort peber efter smag

Rutevejledning:
1. Varm en pande op med olien ved middel varme, tilsæt hvidløg og kød og steg i 4 minutter på hver side.
2. Tilsæt limesaft og andre ingredienser og kog i yderligere 15 minutter under jævnlig omrøring.
3. Fordel det hele på tallerkener og server.

Ernæring: Kalorier 370, fedt 11,7, fibre 4,2, kulhydrater 8,9, protein 20

Piment svinekoteletter og oliven

Forberedelsestid: 10 minutter
Tilberedningstid: 35 minutter
Portioner: 4

Ingredienser:
- 4 svinekoteletter
- 2 spsk olivenolie
- 1 kop Kalamata oliven, udstenede og halveret
- 1 tsk allehånde, stødt
- ¼ kop kokosmælk
- 1 gult løg, hakket
- 1 spsk purløg, hakket

Rutevejledning:
1. Varm en pande op med olien ved middel varme, tilsæt løg og kød og steg i 4 minutter på hver side.
2. Tilsæt de resterende ingredienser, vend forsigtigt, sæt i ovnen og bag ved 390 grader F i yderligere 25 minutter.
3. Fordel det hele på tallerkener og server.

Ernæring: Kalorier 290, Fedt 10, Fiber 4,4, Kulhydrater 7,8, Protein 22

Italienske lammekoteletter

Forberedelsestid: 10 minutter
Tilberedningstid: 30 minutter
Portioner: 4

Ingredienser:
- 4 lammekoteletter
- 1 spsk oregano, hakket
- 1 spsk olivenolie
- 1 gult løg, hakket
- 2 spsk fedtfattig parmesan, revet
- 1/3 kop grøntsagsbouillon med lavt natriumindhold
- Sort peber efter smag
- 1 tsk italiensk krydderi

Rutevejledning:
1. Varm en pande op med olien ved middel varme, tilsæt lammekoteletter og løg og steg i 4 minutter på hver side.
2. Tilsæt de resterende ingredienser undtagen osten og rør rundt for at kombinere.
3. Drys osten ovenpå, sæt gryden i ovnen og bag ved 350 grader F i 20 minutter.
4. Fordel det hele på tallerkener og server.

Ernæring: Kalorier 280, Fedt 17, Fiber 5,5, Kulhydrater 11,2, Protein 14

Svinekød og oregano ris

Forberedelsestid: 10 minutter
Tilberedningstid: 35 minutter
Portioner: 4

Ingredienser:
- 1 spsk olivenolie
- 1 pund svinekødgryde, skåret i tern
- 1 spsk oregano, hakket
- 1 kop hvide ris
- 2 kopper lavt natrium kyllingebouillon
- Sort peber efter smag
- 2 fed hvidløg, hakket
- Saft af ½ citron
- 1 spsk koriander, hakket

Rutevejledning:
1. Varm en pande op med olien ved middel varme, tilsæt kød og hvidløg og steg i 5 minutter.
2. Tilsæt ris, bouillon og andre ingredienser, bring det i kog og kog ved middel varme i 30 minutter.
3. Fordel det hele på tallerkener og server.

Ernæring: Kalorier 330, Fedt 13, Fiber 5,2, Kulhydrater 13,4, Protein 22,2

Svinekød kugler

Forberedelsestid: 10 minutter
Tilberedningstid: 30 minutter
Portioner: 4

Ingredienser:
- 3 spsk mandelmel
- 2 spsk avocadoolie
- 2 æg, pisket
- Sort peber efter smag
- 2 pund svinekød, stødt
- 1 spsk koriander, hakket
- 10 ounce dåse tomatsauce uden tilsat salt

Rutevejledning:
1. Bland svinekødet i en skål med melet og de øvrige ingredienser undtagen saucen og olien, rør godt rundt og form mellemstore frikadeller.
2. Varm en pande op med olien ved middel varme, tilsæt frikadellerne og steg i 3 minutter på hver side. Tilsæt saucen, vend forsigtigt rundt, bring det i kog og kog over medium varme i yderligere 20 minutter.
3. Fordel det hele i skåle og server.

Ernæring: Kalorier 332, Fedt 18, Fiber 4, Kulhydrater 14,3, Protein 25

Svinekød og endivie

Forberedelsestid: 10 minutter
Tilberedningstid: 35 minutter
Portioner: 4

Ingredienser:
- 1 pund svinekødgryde, skåret i tern
- 2 endivie, trimmet og hakket
- 1 kop oksebouillon med lavt natriumindhold
- 1 tsk chilipulver
- En knivspids sort peber
- 1 rødløg, hakket
- 1 spsk olivenolie

Rutevejledning:
1. Varm en pande op med olien over middel varme, tilsæt løg og endivie, vend rundt og sauter i 5 minutter.
2. Tilsæt kødet, rør rundt og steg i yderligere 5 minutter.
3. Tilsæt de resterende ingredienser, bring det i kog og kog over medium varme i yderligere 25 minutter.
4. Fordel det hele på tallerkener og server.

Ernæring: Kalorier 330, Fedt 12,6, Fiber 4,2, Kulhydrater 10, Protein 22

Svinekød og purløgs radise

Forberedelsestid: 10 minutter
Tilberedningstid: 35 minutter
Portioner: 4

Ingredienser:
- 1 kop radiser i tern
- 1 pund svinekødgryde, skåret i tern
- 1 spsk olivenolie
- 1 rødløg, hakket
- 1 kop dåsetomater, uden salt tilsat, knuste
- 1 spsk purløg, hakket
- 2 fed hvidløg, hakket
- Sort peber efter smag
- 1 tsk balsamicoeddike

Rutevejledning:
1. Varm en pande op med olien ved middel varme, tilsæt løg og hvidløg, rør rundt og steg i 5 minutter.
2. Tilsæt kødet og steg i yderligere 5 minutter.
3. Tilsæt radiser og andre ingredienser, bring det i kog og kog over medium varme i yderligere 25 minutter.
4. Fordel det hele i skåle og server.

Ernæring: Kalorier 274, Fedt 14, Fiber 3,5, Kulhydrater 14,8, Protein 24,1

Sauter myntefrikadeller og spinat

Forberedelsestid: 10 minutter
Tilberedningstid: 25 minutter
Portioner: 4

Ingredienser:
- 1 pund svinekødgryde, stødt
- 1 gult løg, hakket
- 1 æg, pisket
- 1 spsk mynte, hakket
- Sort peber efter smag
- 2 fed hvidløg, hakket
- 2 spsk olivenolie
- 1 kop cherrytomater, halveret
- 1 kop babyspinat
- ½ kop grøntsagsbouillon med lavt natriumindhold

Rutevejledning:
1. I en skål blandes kødet med løget og de øvrige ingredienser undtagen olien, cherrytomaterne og spinaten, rør godt rundt og form mellemstore frikadeller af denne blanding.
2. Varm en pande op med olivenolien ved middel varme, tilsæt frikadellerne og steg i 5 minutter på hver side.
3. Tilsæt spinat, tomater og bouillon, vend rundt og lad det hele simre i 15 minutter.
4. Fordel det hele i skåle og server.

Ernæring: Kalorier 320, Fedt 13,4, Fiber 6, Kulhydrater 15,8, Protein 12

www.ingramcontent.com/pod-product-compliance
Lightning Source LLC
Chambersburg PA
CBHW071911110526
44591CB00011B/1634